LES PLUS BELLES HISTOIRES DES

CASTORS JUNIORS

Disney

LES PLUS BELLES HISTOIRES DES

CASTORS JUNIORS

TOME 1

scénario et dessin

CARL BARKS

Glénat

ALBUMS DISPONIBLES

COLLECTION DONALD

- DONALD – DoubleDuck - 1
- DONALD – La légende de Donald des bois

COLLECTION MICKEY

- MICKEY – L'épée magique d'Excalidor
- MICKEY – Le cycle des Magiciens - 1

COLLECTION MICKEY & CO

- Histoires de Cow-boys
- Histoires de Magie
- Histoires de Pirates
- Histoires de Spectacles

COLLECTION INTÉGRALE CARL BARKS

- La Dynastie Donald Duck - Tome 1
- La Dynastie Donald Duck - Tome 2

COLLECTION INTÉGRALE FLOYD GOTTFREDSON

- Tome 1 - À paraître

HORS-SÉRIE

- Mes plus belles histoires de Noël
- Epic Mickey

Illustration de couverture : **Daan Jippes & Ulrich Schröder**
Conseil éditorial : **Ulrich Schröder & Pascal Pierrey**

www.glenat.com

37 rue Servan - 38000 Grenoble

Dépôt légal : avril 2011
ISBN : 978-2-7234-8184-7
Achevé d'imprimer en mars 2011 en Italie par L.E.G.O. S.p.A.,
sur papier provenant de forêts gérées de manière durable.

SOMMAIRE

Castors Juniors à la rescousse !

Première publication : février 1951

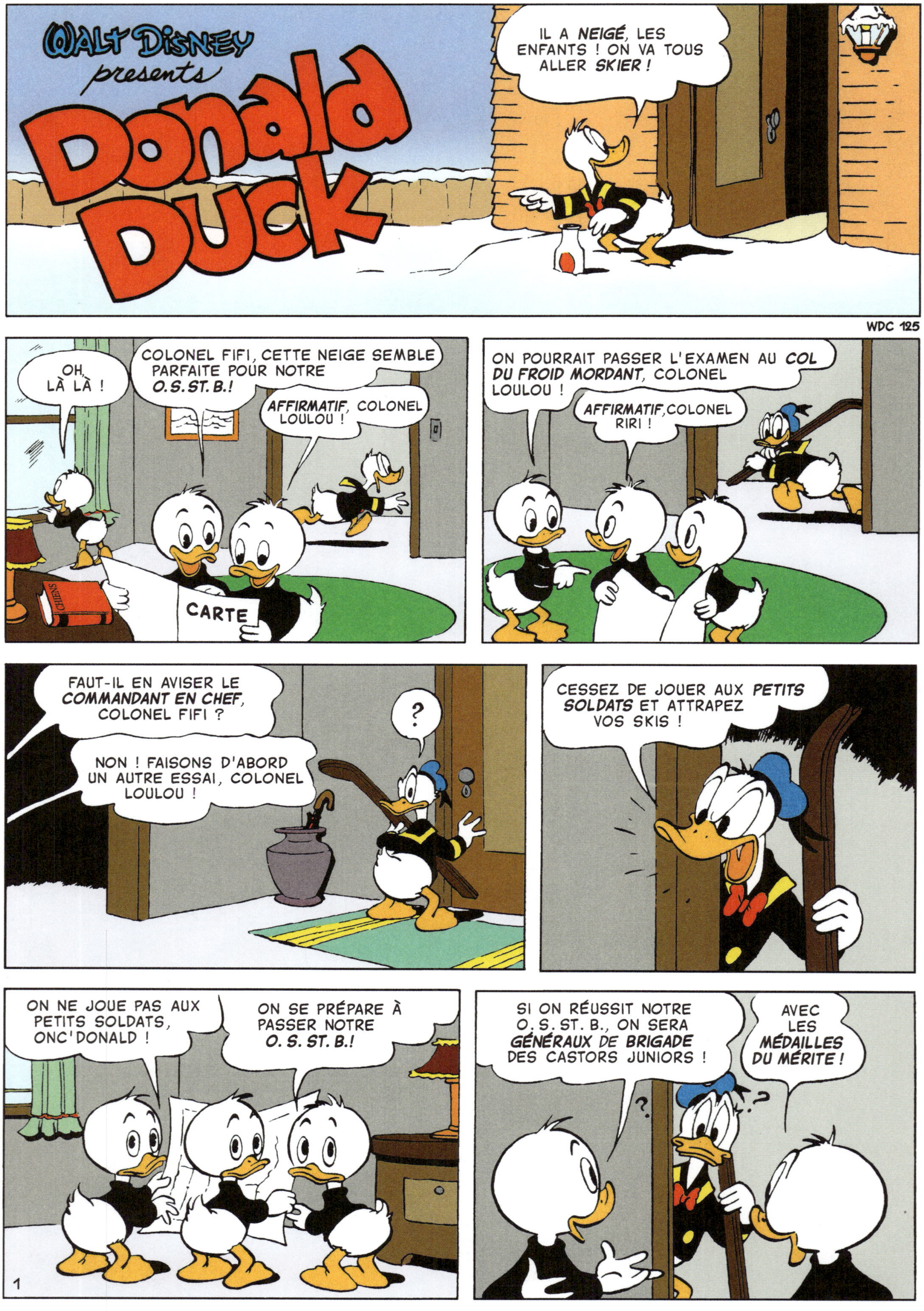
WALT DISNEY presents
Donald Duck
IL A NEIGÉ, LES ENFANTS ! ON VA TOUS ALLER SKIER !
WDC 125
OH, LÀ LÀ !
COLONEL FIFI, CETTE NEIGE SEMBLE PARFAITE POUR NOTRE O. S. ST. B.!
AFFIRMATIF, COLONEL LOULOU !
CHIENS
CARTE
ON POURRAIT PASSER L'EXAMEN AU COL DU FROID MORDANT, COLONEL LOULOU !
AFFIRMATIF, COLONEL RIRI !
FAUT-IL EN AVISER LE COMMANDANT EN CHEF, COLONEL FIFI ?
NON ! FAISONS D'ABORD UN AUTRE ESSAI, COLONEL LOULOU !
?
CESSEZ DE JOUER AUX PETITS SOLDATS ET ATTRAPEZ VOS SKIS !
ON NE JOUE PAS AUX PETITS SOLDATS, ONC'DONALD !
ON SE PRÉPARE À PASSER NOTRE O. S. ST. B.!
1
SI ON RÉUSSIT NOTRE O. S. ST. B., ON SERA GÉNÉRAUX DE BRIGADE DES CASTORS JUNIORS !
AVEC LES MÉDAILLES DU MÉRITE !
?
??

QU'ALLEZ-VOUS FAIRE ET POUR QUI ?
O. S. ST. B. !... " OPÉRATION SAUVETAGE SAINT-BERNARD " !
L'EXAMEN EST OBLIGATOIRE SI ON VEUT DEVENIR GÉNÉRAL DE BRIGADE !
ET OBTENIR NOTRE BREVET...
... DE SECOU-RISTE !
NOUS DEVONS DRESSER UN CHIEN DESTINÉ AU SAUVETAGE DES RANDONNEURS PERDUS.
COMME LE SAINT-BERNARD DES ALPES !
CHIENS
ÇA DOIT ÊTRE DRÔLE À VOIR ! QUEL CHIEN ALLEZ-VOUS DRESSER ?
BOLIVAR, ICI PRÉSENT ! ET COMME C'EST UN VRAI SAINT-BERNARD, NOUS GAGNERONS UNE MÉDAILLE SUPPLÉMENTAIRE !
VOILÀ QUI M'INTÉRESSE ! MON CHIEN VA DEVENIR UN CÉLÈBRE SAUVETEUR ET MES NEVEUX, DES GÉNÉRAUX DE BRIGADE ! ON NE PEUT PAS RÊVER PLUS GRAND HONNEUR !
DEBOUT, BOLIVAR !
LE GRAND JOUR EST ARRIVÉ.
ET IL Y A DE LA NEIGE... COMME CHEZ TOI, DANS LES ALPES.
2

AOZOUU !
IL A PEUR DE LA NEIGE !
OU BIEN IL NE VEUT PAS SE MOUILLER LES PIEDS.
ALLEZ ! IGNORERAIS-TU QUE LES SAINT-BERNARD SONT CENSÉS AIMER LA NEIGE ?
NOUS DEVONS LE CONDUIRE À CE COL.
C'EST LE JOUR J POUR NOTRE O. S. ST. B.
IL VOULAIT BIEN SORTIR ET S'ENTRAÎNER AVANT QU'IL NEIGE !
À PRÉSENT...
IL VA SORTIR ! DE GRÉ OU DE FORCE !
ET...
ROAR !
3
J'AI DÉCIDÉ D'ÊTRE FIER DE BOLIVAR ET DES ENFANTS, ET JE VAIS L'ÊTRE !

NOUS Y SOMMES. LAISSONS-LE AGIR EN SAINT-BERNARD !
COL DU FROID MORDANT
VAS-Y, BOLIVAR ! GRIMPE LE COL ET CHERCHE DES RANDONNEURS GELÉS !
SNAP !
EH ! PAS PAR LÀ ! TU DOIS GRIMPER !
SI TU CROIS QUE TU VAS RENTRER À LA MAISON ET T'ASSEOIR PRÈS DU FEU...
ZOUM !
RETOURNE À TON TRAVAIL, NOBLE ANIMAL, OU J'APPELLE LA FOURRIÈRE !
IL Y A DEUX SORTES DE SAINT-BERNARD : LES VALEUREUX... ET BOLIVAR !
IL SE BLOTTIT CONTRE CET ARBRE POUR AVOIR CHAUD.
4
RÉVEILLONS SES INSTINCTS ! JE VAIS MONTER ET LUI FAIRE CROIRE QUE JE SUIS EN DANGER.

À L'AIDE ! JE MEURS DE FROID ! **AU SECOURS ! À L'AIDE !**
RIEN À FAIRE, ONC' DONALD !
IL REFUSE DE FAIRE **UN PAS** DANS CETTE NEIGE...
PEINE PERDUE !
IL A PEUT-ÊTRE **FAIM**.
OUI, PEUT-ÊTRE.
SON PETIT DÉJEUNER EST **TRÈS LÉGER**...
TROIS ŒUFS, QUATRE CÔTES DE PORC ET SIX BOÎTES POUR CHIEN !
ÇA ME DONNE UNE **IDÉE**.
BON, ALLEZ CHERCHER VOTRE **COMMANDANT EN CHEF !** APRÈS TOUT, IL FAUT BIEN LE PASSER, CET EXAMEN.
C'EST VRAI.
AUTANT EN FINIR...
TOI AUSSI, COLONEL RIRI ! ALLEZ-Y TOUS !
TOI, TU RESTES LÀ, BOLIVAR. JE VAIS FAIRE UN PETIT TOUR.
5

PLUS TARD...
BIEN, COLONELS ! UN SAINT-BERNARD, UN COL ENNEIGÉ ET UN TEMPS ÉPOUVANTABLE... LES CONDITIONS SONT RÉUNIES POUR PASSER VOTRE O. S. ST. B.
JE ME DEMANDE OÙ SE TROUVE ONC' DONALD.
IL VOULAIT ASSISTER À L'EXAMEN.
VOTRE CHIEN TIRE FORT SUR SA CHAÎNE. EXCELLENT ! CELA SIGNIFIE QU'IL EST EN PLEINE FORME.
LÂCHEZ-LE, COLONELS ! J'AI HÂTE DE VOIR UN TEL ANIMAL EN ACTION...
BONTÉ DIVINE ! REGARDEZ-LE FILER ! JE SUIS SÛR QU'IL A FLAIRÉ QUELQU'UN EN DIFFICULTÉ.
MOI, JE FLAIRE UN OS !
MOUAIS !
ICI, SAC À PUCES ! VIENS CHERCHER TES SAUCISSES !
6
COLONELS, JE VOUS SALUE ! VOUS SEREZ PROMUS AU RANG DE GÉNÉRAUX DE BRIGADES LORS DE LA PROCHAINE RÉUNION DES CASTORS JUNIORS.

EH ! DOUCEMENT ! UNE SEULE À LA FOIS !
STOP ! STOP, GROS GLOUTON ! TU VAS TOUT GÂCHER !
JE VOUS FÉLICITE À NOUVEAU, COLONELS ! AU REVOIR !
AU...
...RE...
...VOIR !
HEIN ?
ÇA VA, CHEF ? BELLE JOURNÉE, NON ?
POUR UN CASTOR JUNIOR, LA TRICHERIE EST IMPARDONNABLE !
NOUS N'AVONS PAS...
TRICHÉ !
C'EST VRAI, CHEF ! ILS SONT INNOCENTS ! C'EST MOI !
7
ET...
TRÈS BIEN ! JE VOUS OFFRE UNE DERNIÈRE CHANCE, COLONELS ! MAIS SI VOUS ÉCHOUEZ...

... SI VOUS ÉCHOUEZ, VOUS SEREZ RÉTROGRADÉS AU RANG DE SIMPLES MAJORS... LE GRADE LE PLUS BAS POUR UN CASTOR !
ET POUR ÉVITER QUE VOTRE ONCLE N'INTERVIENNE, LUI ET MOI, NOUS SUIVRONS LE BON DÉROULEMENT DE L'EXAMEN DEPUIS LE SOMMET...
JE VAIS M'ASSURER QUE VOUS N'AVEZ PAS CACHÉ D'AUTRES SAUCISSES DANS LA NEIGE.
TOUT SEMBLE NORMAL. JE VAIS DIRE AUX COLONELS D'ENVOYER LEUR CHIEN.
PRÊTS ?
GO !
CHTOMP !
BONTÉ DIVINE ! MON CRI A DÉCLENCHÉ UNE AVALANCHE !
NOUS VOILÀ ENSEVELIS !
8
VAS-Y, BOLIVAR !
PAR PITIÉ, MON VIEUX !
VAS-Y !

JE T'EN PRIE, BOLIVAR ! SI TU VAS JUSQU'EN HAUT DE CE COL, TU AURAS DU CAVIAR PENDANT UN MOIS !
SNIF ! SNIF !
AU BOUT D'UN CERTAIN TEMPS, DONALD ET LE CHEF ÉMERGENT DE LA NEIGE. CEPENDANT...
BON SANG ! QUELLE TEMPÊTE !
ON NE VOIT PLUS RIEN DU TOUT !
REDESCENDONS AU PLUS VITE, SINON ON VA SE PERDRE.
TRÈS BIEN ! MAIS PAR OÙ ?
PAR EN BAS, BIEN SÛR ! EN BAS !
D'ACCORD, MAIS DE QUEL CÔTÉ ?
LE MAUVAIS CÔTÉ CONDUIT À UNE LANDE EXPOSÉE AU BLIZZARD.
COURONS LE RISQUE !
TOUT CE QUE VEUT BOLIVAR, C'EST RENTRER À LA MAISON.
PAS AVANT D'AVOIR FAIT QUELQUE CHOSE POUR ONC'DONALD ET LE CHEF ! ILS ONT SÛREMENT DES ENNUIS.
ILS ONT DÛ DESCENDRE DE L'AUTRE CÔTÉ DU COL.
NOTRE DEVOIR EST D'ALLER LES CHERCHER.
NON ! ON SE PERDRAIT À NOTRE TOUR. ATTENDEZ ! RÉFLÉCHISSONS D'ABORD !

DES HEURES PLUS TARD, DANS LA LANDE GLACÉE...
NOTRE SITUATION EST DÉSESPÉRÉE ! LA SEULE CHOSE QUI POURRAIT NOUS SAUVER SERAIT UN SAINT-BERNARD BIEN DRESSÉ.
EH ! QU'EST-CE QUE C'EST QUE ÇA ?
UN CHASSE-NEIGE !
LES ENFANTS !
ON A EMPRUNTÉ CE CHASSE-NEIGE POUR VENIR À VOTRE RENCONTRE.
BRAVO ! MAIS À PRÉSENT, VOUS ÊTES PERDUS, VOUS AUSSI ! NOUS ALLONS TOUS PÉRIR !
PAS D'INQUIÉTUDE ! NOUS NE SOMMES PAS PERDUS !
BOLIVAR NOUS INDIQUE EN PERMANENCE LA DIRECTION DE LA MAISON. IL EST MEILLEUR QU'UNE BOUSSOLE !
PLUS TARD...
POUR AVOIR SAUVÉ DEUX VIES, JE VOUS NOMME GÉNÉRAUX CINQ ÉTOILES DES CASTORS JUNIORS ET JE VOUS DÉCERNE...
... LA MÉDAILLE DU MÉRITE !
QUARTIER GENERAL CASTORS JUNIORS
ET POUR AVOIR SAUVÉ CINQ VIES, BOLIVAR, VOICI LA MÉDAILLE DU MÉRITE EXCEPTIONNEL !
HÉROS DU JOUR
10
ENCORE PLUS TARD...
OH ! TROIS MÉDAILLES DU MÉRITE DANS LA MÊME FAMILLE !
ÇA AURAIT PU FAIRE QUATRE SI BOLIVAR N'AVAIT PAS PRIS SIENNE POUR UN GÂTEAU !
FIN

Castor médiocre

Première publication : septembre 1951

Walt Disney presents
Donald Duck
AU REVOIR, ONC' DONALD !
ON VA DANS LES BOIS !
PRÈS DU MOULIN À AUBES !
WDC 132
UNE MINUTE ! VOUS N'IREZ PAS DANS LES BOIS ! C'EST TROP DANGEREUX POUR DES PETITS MIOCHES COMME VOUS.
ON DOIT Y ALLER !
LES CASTORS JUNIORS ORGANISENT DES ÉPREUVES, AVEC DES MÉDAILLES.
LE GÉNÉRAL RIRI DOIT FABRIQUER UN ARC ET DES FLÈCHES POUR AVOIR CELLE DU TIR À L'ARC.
IL SE TIRERA UNE FLÈCHE DANS LE VENTRE !
ET LE GÉNÉRAL FIFI DOIT FAIRE UN CANOË POUR SA MÉDAILLE D'ARTISANAT INDIEN.
LE GÉNÉRAL FIFI VA SE NOYER COMME UN IDIOT !
IL NE SE NOIERA PAS ! JE SERAI LÀ ET JE M'ENTRAÎNERAI POUR MA MÉDAILLE DE SAUVETEUR.
1
IL VAUT MIEUX QUE JE VIENNE. SINON TROIS GÉNÉRAUX VONT SE RETROUVER À LA RETRAITE !

ON N'A PAS **BESOIN** DE TOI. EN TANT QUE CASTORS JUNIORS, ON A APPRIS À SE DÉBROUILLER !
BELLES PAROLES !
ET PUIS LE TRÈS HONORÉ GRAND MOGOL SERA LÀ LORS DES ÉPREUVES !
IL VA S'ENFONCER DANS LA BOUE AVEC UN TITRE PAREIL !
C'EST ICI QU'ON OPÈRE...
JE DOIS TROUVER DU BOIS POUR MON ARC.
ET MOI, DE L'ÉCORCE POUR MON CANOË.
ALORS VOS HISTOIRES DE CASTORS, C'EST DU ***SÉRIEUX*** ?
BIEN SÛR !
JE VAIS VOUS AIDER. J'ÉTAIS DANS UN ***VRAI*** GROUPE ! LES PETITS CHASSEURS !
LES **PETITS *CHANTEURS*** ? JAMAIS ENTENDU PARLER !
PETITS ***CHASSEURS !*** ON PORTAIT DES BONNETS DE TRAPPEURS !
OH !
D'ABORD JE TE MONTRE COMMENT FAIRE UN ARC, PUIS J'AIDERAI FIFI POUR SON CANOË.

LAISSE LES GÉNÉRAUX RIRI ET FIFI ! C'EST **CONTRAIRE AU RÈGLEMENT** DES CASTORS DE SE FAIRE AIDER !
MAIS TU PEUX **M'AIDER** À PRATIQUER LE SAUVETAGE EN NAGEANT DANS L'ÉTANG ET EN **COULANT.**
NON MERCI. JE PRÉFÈRE AIDER RIRI À FABRIQUER SON ARC.
VOILÀ UNE BONNE BRANCHE POUR TON ARC, FIFI ! ELLE PLIE COMME DU CAOUTCHOUC.
LES ARCS DES CASTORS PLIENT COMME DE **L'ACIER !**
TRÈS BIEN. PUISQUE TU VEUX JOUER LES JE-SAIS-TOUT, JE **FERAI** UN ARC ET TU VERRAS...
VOILÀ ! **MON** ARC EST PRÊT ALORS QUE TU CHERCHES ENCORE TA BRANCHE ...
ET JE VAIS CONTINUER ...
ET HOP ! NI UNE NI DEUX ! UNE **FLÈCHE !**
FORMI-DABLE. SUPER.

À PRÉSENT, VOYONS COMMENT FIFI S'EN TIRE AVEC SON CANOË...
LAMENTABLE ! TU DEVRAIS RELIER CES BRANCHES AVEC DES VIS !
LES CASTORS UTILISENT DES BANDES D'ÉCORCE !
PRENDS DES TOILES D'ARAIGNÉES SI TU VEUX ! JE M'EN FICHE !
JE VAIS VOUS MONTRER COMMENT LES PETITS CHASSEURS FAISAIENT DES CANOËS.
ON ÉVIDAIT LE CENTRE MOU D'UN VIEUX TRONC...
...PUIS ON BOUCHAIT LES INTERSTICES AVEC DE L'ARGILE.
ET HOP ! NOUS AVIONS UN CANOË COMME CEUX DES PREMIERS AMÉRICAINS !
PAS ÉTONNANT QUE LES PREMIERS AMÉRICAINS SOIENT TOUS MORTS !
QUELLE SINISTRE INGRATITUDE !
4

OUI, VAS-Y, ONC' DONALD ! ESSAIE TON CANOË POUR QUE JE TE SAUVE DE LA NOYADE !
RIEN QUE POUR ÇA, JE NE L'ESSAIERAI PAS ! PAS TANT QUE VOTRE TRÈS HONORÉ GRAND MACHIN NE SERA PAS LÀ !
ÇA AVANCE TON ARC, RIRI ?
À PEU PRÈS !
QU'UTILISES-TU COMME CORDE ?
DE L'ÉCORCE VRILLÉE !
HA HA ! LES PETITS CHASSEURS UTILISAIENT DE LA FICELLE !
C'EST VRAI QUE C'EST MIEUX. MAIS LES CASTORS APPRENNENT À SE PASSER DES GRANDS MAGASINS.
ENCORE UNE INSULTE ! JE VAIS TE MONTRER QUE LES CHASSEURS N'ÉTAIENT PAS DES MAUVIETTES !
S'IL TE PLAÎT, ONC' DONALD ! ON SAIT CE QU'ON DOIT FAIRE POUR GAGNER NOS MÉDAILLES ! LAISSE-NOUS AGIR COMME LES CASTORS !
D'ACCORD ! MAIS SI VOUS NE LES AVEZ PAS, NE VENEZ PAS PLEURER EN DISANT QUE JE VOUS AI LAISSÉ TOMBER !
5

PLUS TARD... L'ARC ET LE CANOË SONT FINIS ET LES ENFANTS SONT ALLÉS S'ENTRAÎNER AU SAUVETAGE UN PEU PLUS LOIN.
JE RESTE. LES ENFANTS PRENNENT LES CHASSEURS POUR DES AMATEURS... ILS VONT VOIR !
EH ! UN TYPE HABILLÉ EN CASTOR JUNIOR ! CE DOIT ÊTRE LE TRÈS HONORÉ GRAND PONTE.
LES ENFANTS NE L'ATTENDENT PAS AVANT UNE DEMI-HEURE...
C'EST L'OCCASION D'EN REMONTRER À CES PETITS MALINS !
JE CACHE LES CHOSES QU'ILS ONT FABRIQUÉES ET JE VAIS GAGNER LEURS MÉDAILLES AVEC MON ARC ET MON CANOË !
BONJOUR MONSIEUR. JE SUIS LE TRÈS HONORÉ GRAND MOGOL DE LA TROUPE NUMÉRO 13 DE DONALDVILLE, CASTORS JUNIORS DU MONDE.
RAVI DE VOUS VOIR, MONSIEUR.
MES NEVEUX NE SONT PAS LÀ, MAIS JE PEUX VOUS MONTRER CE QU'ILS ONT FABRIQUÉ POUR OBTENIR LEURS MÉDAILLES.
6
VOICI L'ARC ET LA FLÈCHE DU GÉNÉRAL RIRI.
HUM !
L'ARC DE DONALD

HUM... CE SERAIT LA FLÈCHE ?!!
ET VOICI LE CANOË DU GÉNÉRAL FIFI !
NI L'ARC NI LE CANOË NE SONT AU NIVEAU DES CASTORS. CES GÉNÉRAUX N'AURONT PAS LEURS MÉDAILLES !
QUOI ?
DE PLUS, ILS SERONT *DÉGRADÉS* ET PASSERONT DE CINQ ÉTOILES À *QUATRE* ÉTOILES !
UNE PETITE MINUTE ! POURQUOI NE *TESTEZ-VOUS* PAS CES OBJETS ?!
TRÈS BIEN. S'IL FAUT VOUS MONTRER...
J'ESSAIE D'ABORD LE CANOË.
IL MANŒUVRE COMME UNE CHARRUE ET FUIT COMME UN TROU...
7
ET JE DOUTE QU'IL SOIT *SOLIDE* !
CRACK !

AU SECOURS ! J'AI UNE *CRAMPE !* JE NE PEUX PAS NAGER !
NE VOUS EN FAITES PAS ! J'APERÇOIS UNE CORDE ! JE VOUS SAUVERAI !
JE VOUS ENVOIE LA CORDE AVEC MON... EUH... AVEC L'ARC DU GÉNÉRAL RIRI !
THUNK !
L'ARC N'A PAS FONCTIONNÉ ! JE VAIS NAGER POUR VOUS RAMENER !
À L'AIDE !
À MOI !
EH ! L'UN DE NOUS DEUX SE TROMPE ! VOUS M'ENTRAÎNEZ VERS LE FOND !
À L'AIDE !
À L'AIDE !
8
C'EST ONCLE DONALD ET LE TRÈS HONORÉ GRAND MOGOL !
ILS SONT EN DANGER !
À L'AIDE !

JE LEUR APPORTE UNE BOUÉE !
JE VAIS LES CHERCHER DANS MON CANOË !
JE LEUR ENVOIE UNE CORDE !
PRENDS CE TRONC POUR FLOTTER, ONC' DONALD ! JE M'OCCUPE DU GRAND MOGOL !
EH ! OÙ EST MON CANOË ?
ET MON ARC ?
EUH... GLOUPS ! JE LES AI CACHÉS DANS LES FOURRÉS ! PRENEZ-LES VITE ! JE SUIS ÉPUISÉ !
JE VOIS, MONSIEUR, QUE VOUS N'AVEZ JAMAIS ÉTÉ CASTOR JUNIOR !
FIFI ET SON CANOË RAMÈNENT LE TRÈS HONORÉ GRAND MOGOL À TERRE, MAIS...
ONCLE DONALD EST EMPORTÉ PAR LE COURANT ! IL EST TROP TARD POUR LE SAUVER !
À MOI !
IL EST PRIS DANS LE TOURBILLON DES DÉMONS !
9

IL EST FICHU ! SEULE UNE CORDE TIRÉE PAR UN ARC SOLIDE POURRAIT LE SAUVER !
ESSAYEZ CELUI-CI, MONSIEUR ! IL EST FAIT SELON LES STRICTES CONSIGNES DES CASTORS JUNIORS !
FIER INSTRUMENT, GÉNÉRAL RIRI ! SOLIDE COMME L'ACIER LE PLUS FORT !
THUNK !
JE N'AI JAMAIS VU DES CASTORS JUNIORS AGIR AUSSI BIEN QUE VOUS TROIS AUJOURD'HUI !
ET...
NON SEULEMENT ON A EU NOS BADGES, ONC' DONALD...
MAIS ON EST DRÔLEMENT MONTÉS EN GRADE !
ON A DIX ÉTOILES, MAINTENANT !
AU FAIT, QUEL ÉTAIT TON RANG DANS LES PETITS CHASSEURS ?
EST-CE QUE JE VOUS EN POSE, MOI, DES QUESTIONS ?
FIN

Noël pour Pauvreville

Première publication : janvier 1952

WALT DISNEY'S
Donald Duck
in
"A CHRISTMAS FOR SHACKTOWN"
PRESQUE PARTOUT, LES ENFANTS ATTENDENT NOËL AVEC DE GRANDS YEUX PLEINS DE JOIE, MAIS À SHACKTOWN, NOËL NE SERA QU'UN AUTRE JOUR DE FAIM, DE FROID ET DE DÉNUEMENT !
CHAMBRE À LOUER
JE REGRETTE D'AVOIR PRIS CE CHEMIN POUR RENTRER DE L'ÉCOLE !
MOI AUSSI ! J'AI L'IMPRESSION D'ÊTRE UN **GROS PRIVILÉGIÉ** !
FC 367
LES ENFANTS DE PAUVREVILLE NE SONT PAS GROS, EUX !
JE PARIE QU'ILS N'ONT JAMAIS DE BONBONS OU DE GÂTEAUX !
JE PARIE QU'ILS N'ONT JAMAIS DE JOUETS À NOËL, COMME LES AUTRES ENFANTS !
ET PAS DE SAPINS NON PLUS !
C'EST BIEN TRISTE POUR ***EUX***, BON, ON DOIT S'OCCUPER DE ***NOTRE*** NOËL !
OUI, MAIS...
LES PAUVRES GOSSES DE PAUVREVILLE N'ONT PAS DE NOËL ET ÇA ME PRÉOCCUPE !

TIENS, TIENS ! RIRI, FIFI ET LOULOU ! VOUS EN FAITES DES TÊTES !
VOUS DEVRIEZ SOURIRE ! NOËL ARRIVE ! VOUS ALLEZ AVOIR DES BONBONS, DES GÂTEAUX ET DE MERVEILLEUX JOUETS !
C'EST LÀ LE PROBLÈME, DAISY !
EN SACHANT QU'ON VA AVOIR TOUT ÇA, ON SE SENT COMME DE GROS PRIVILÉGIÉS !
MAIS ENFIN !
TU NE PEUX PAS COMPRENDRE MAIS NOUS, SI !
!
NOUS VENONS DE TRAVERSER PAUVREVILLE !
OH ! CET AFFREUX ENDROIT AU FOND DU RAVIN... LÀ OÙ HABITENT LES GENS QUI N'ONT PAS DE CHANCE !
OUI, DAISY ! ET LÀ OÙ HABITENT DES ENFANTS QUI N'ONT JAMAIS EU DE CHANCE !
JE... JE CROIS QUE JE COMPRENDS !
LES DAMES DE MON CLUB CHERCHAIENT QUELQUE CHOSE À FAIRE ! HUM...
RENTREZ, LES ENFANTS, ET NE VOUS INQUIÉTEZ PLUS POUR PAUVREVILLE ! ON VA S'OCCUPER DE CES PAUVRES ENFANTS !

À L'APPROCHE DE NOËL, DONALD EST AUX PRISES AVEC SON PROBLÈME ANNUEL !
COMMENT ACHETER DES CADEAUX AUX ENFANTS AVEC CINQ DOLLARS EN POCHE ?
PAS DE PAYE AVANT L'AN PROCHAIN ET PERSONNE POUR ME PRÊTER UN SOU !
SANS COMPTER LES CHOSES À ACHETER... LES BONBONS, LES BISCUITS, LES FRIANDISES !
LE PIRE, C'EST QUE J'AI ENTENDU LES ENFANTS DIRE QU'ILS ALLAIENT DÉPENSER CINQ DOLLARS POUR MON CADEAU ! JE ME SENS **MESQUIN** !
SI QUELQU'UN A DE ***PLUS GROS*** PROBLÈMES DE NOËL QUE MOI, J'AIMERAIS LE CONNAÎTRE !
TOC ! TOC !
DONALD, JE VIENS TE VOIR PARCE QUE JE SAIS QUE TES PROBLÈMES DE NOËL SONT TOUT PETITS !
ILS L'ÉTAIENT !
MON CLUB DOIT TROUVER **CINQUANTE** DOLLARS !
EN PIÈCES, EN BILLETS OU EN POUDRE DE PERLIMPINPIN ?

OH, JE NE VIENS PAS TE LES DEMANDER ! PAS *TOUT*, EN TOUT CAS !
JE ME SENS INSULTÉ !
J'AI CONVAINCU LES FILLES D'ORGANISER UNE FÊTE DE NOËL POUR LES ENFANTS PAUVRES DE PAUVREVILLE !
ELLES ONT FAIT DES DONS GÉNÉREUX, MAIS IL NOUS MANQUE ENCORE CINQUANTE DOLLARS POUR QUE CE SOIT SUFFISANT !
ALORS, TU AS PENSÉ À *MOI* QUI SUIS GRAS, RICHE ET PROSPÈRE !
NON, NON ! MAIS J'ESPÉRAIS QUE TU CONNAÎTRAIS *QUELQU'UN* !
ONC' DONALD !
POURQUOI NE PAS DEMANDER L'ARGENT À ONCLE PICSOU ?
C'EST L'HOMME LE PLUS RICHE DU MONDE !
IL POURRAIT DONNER LA SOMME POUR UNE *BONNE CAUSE* !
IL VA ME JETER LES CINQUANTE DOLLARS À LA TÊTE ! JE LE CONNAIS, L'ONCLE PICSOU !
VA LE VOIR, DONALD ! DIS-LUI QU'ON DÉPENSERA VINGT-CINQ DOLLARS POUR DES DINDES ET VINGT-CINQ POUR ACHETER UN PETIT TRAIN AUX ENFANTS !
UN *PETIT TRAIN* !
JE *SAIS* QU'IL N'AIMERA PAS LE PETIT TRAIN !
TANT PIS ! ON A DÉJÀ *PROMIS* AUX ENFANTS DE L'ACHETER !

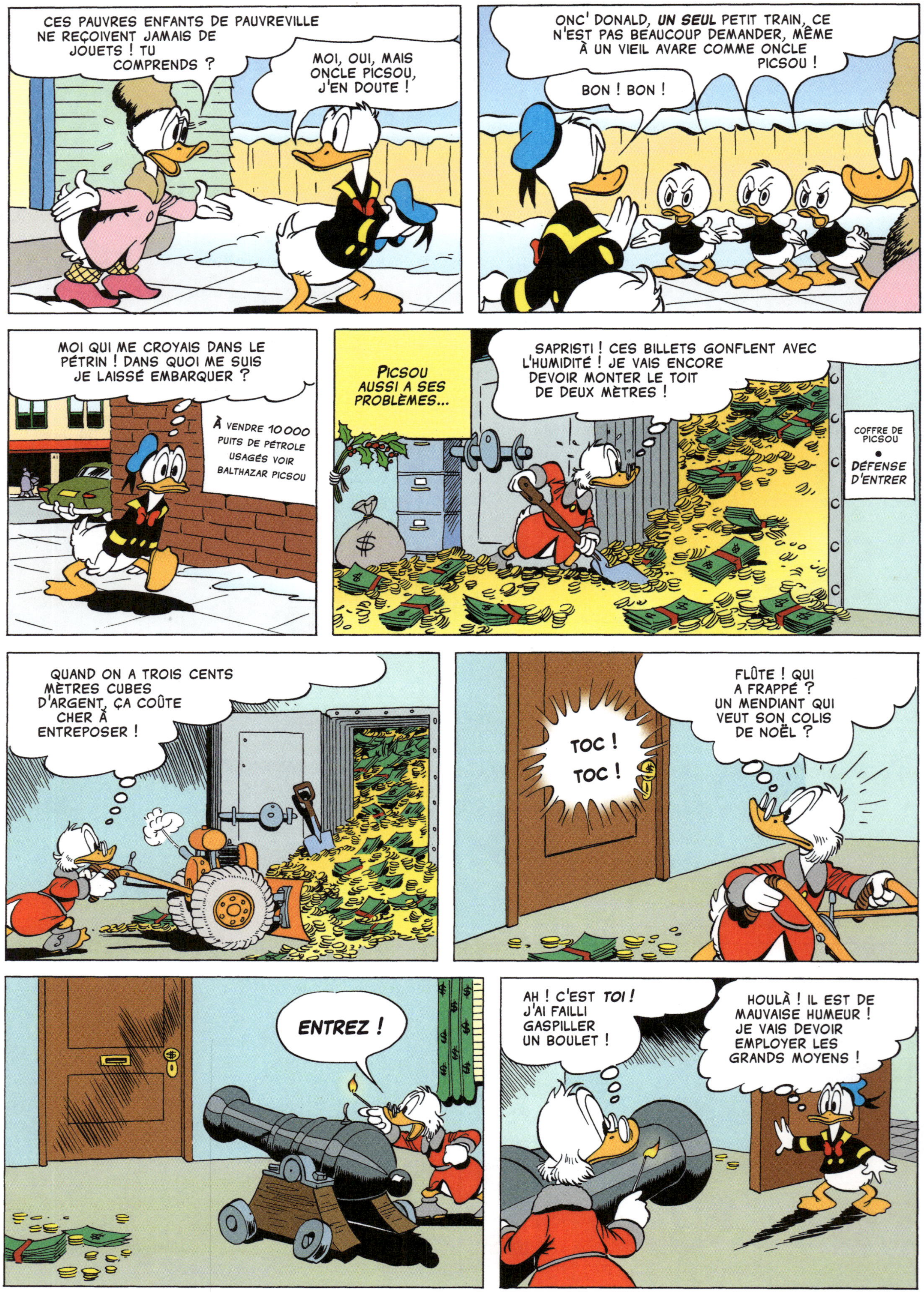
CES PAUVRES ENFANTS DE PAUVREVILLE NE REÇOIVENT JAMAIS DE JOUETS ! TU COMPRENDS ?
MOI, OUI, MAIS ONCLE PICSOU, J'EN DOUTE !
ONC' DONALD, UN SEUL PETIT TRAIN, CE N'EST PAS BEAUCOUP DEMANDER, MÊME À UN VIEIL AVARE COMME ONCLE PICSOU !
BON ! BON !
MOI QUI ME CROYAIS DANS LE PÉTRIN ! DANS QUOI ME SUIS JE LAISSÉ EMBARQUER ?
À VENDRE 10 000 PUITS DE PÉTROLE USAGÉS VOIR BALTHAZAR PICSOU
PICSOU AUSSI A SES PROBLÈMES...
SAPRISTI ! CES BILLETS GONFLENT AVEC L'HUMIDITÉ ! JE VAIS ENCORE DEVOIR MONTER LE TOIT DE DEUX MÈTRES !
COFFRE DE PICSOU • DÉFENSE D'ENTRER
QUAND ON A TROIS CENTS MÈTRES CUBES D'ARGENT, ÇA COÛTE CHER À ENTREPOSER !
TOC ! TOC !
FLÛTE ! QUI A FRAPPÉ ? UN MENDIANT QUI VEUT SON COLIS DE NOËL ?
ENTREZ !
AH ! C'EST TOI ! J'AI FAILLI GASPILLER UN BOULET !
HOULÀ ! IL EST DE MAUVAISE HUMEUR ! JE VAIS DEVOIR EMPLOYER LES GRANDS MOYENS !

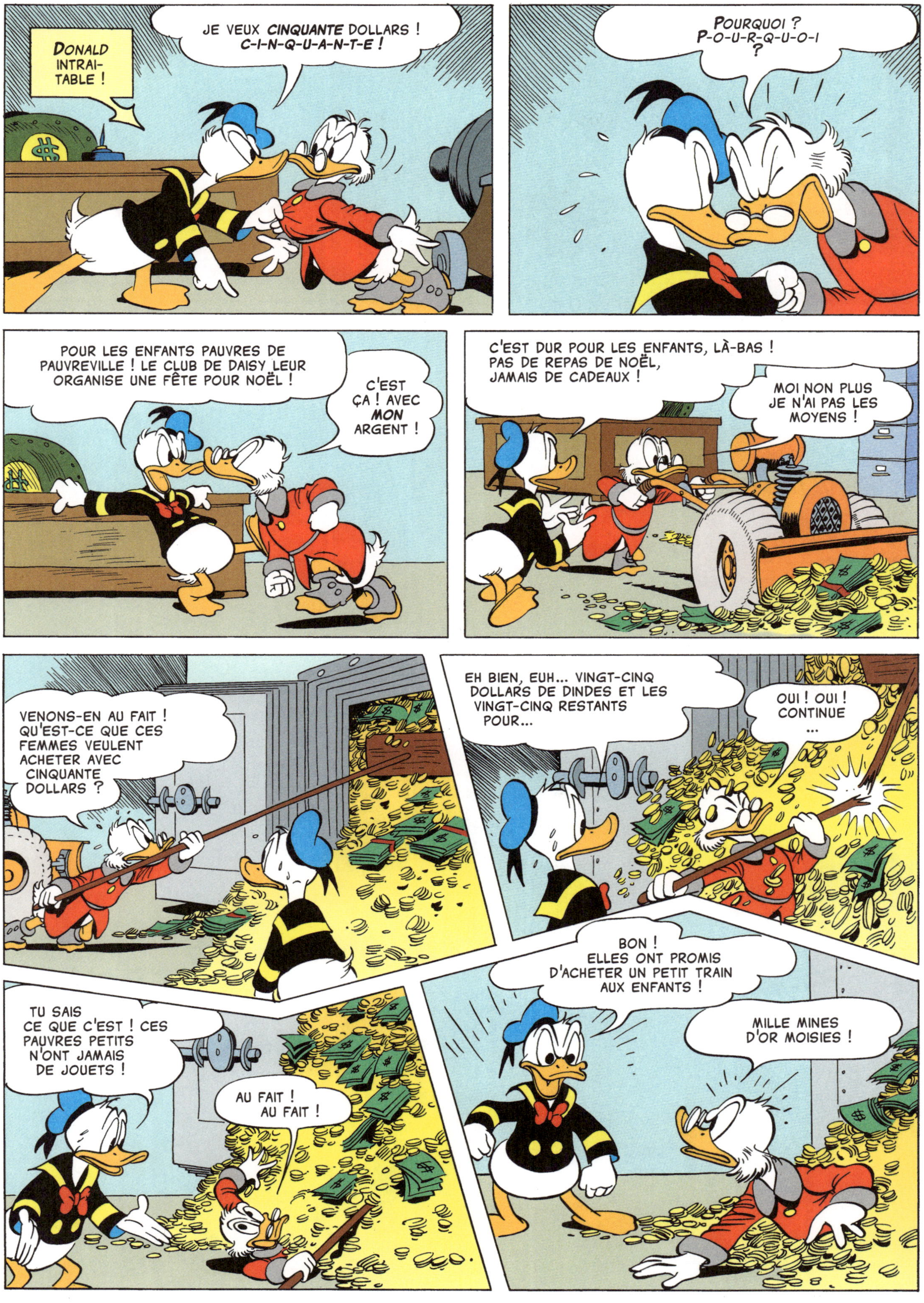
DONALD INTRAITABLE !
JE VEUX CINQUANTE DOLLARS ! C-I-N-Q-U-A-N-T-E !
POURQUOI ? P-O-U-R-Q-U-O-I ?
POUR LES ENFANTS PAUVRES DE PAUVREVILLE ! LE CLUB DE DAISY LEUR ORGANISE UNE FÊTE POUR NOËL !
C'EST ÇA ! AVEC MON ARGENT !
C'EST DUR POUR LES ENFANTS, LÀ-BAS ! PAS DE REPAS DE NOËL, JAMAIS DE CADEAUX !
MOI NON PLUS JE N'AI PAS LES MOYENS !
VENONS-EN AU FAIT ! QU'EST-CE QUE CES FEMMES VEULENT ACHETER AVEC CINQUANTE DOLLARS ?
EH BIEN, EUH... VINGT-CINQ DOLLARS DE DINDES ET LES VINGT-CINQ RESTANTS POUR...
OUI ! OUI ! CONTINUE ...
TU SAIS CE QUE C'EST ! CES PAUVRES PETITS N'ONT JAMAIS DE JOUETS !
AU FAIT ! AU FAIT !
BON ! ELLES ONT PROMIS D'ACHETER UN PETIT TRAIN AUX ENFANTS !
MILLE MINES D'OR MOISIES !

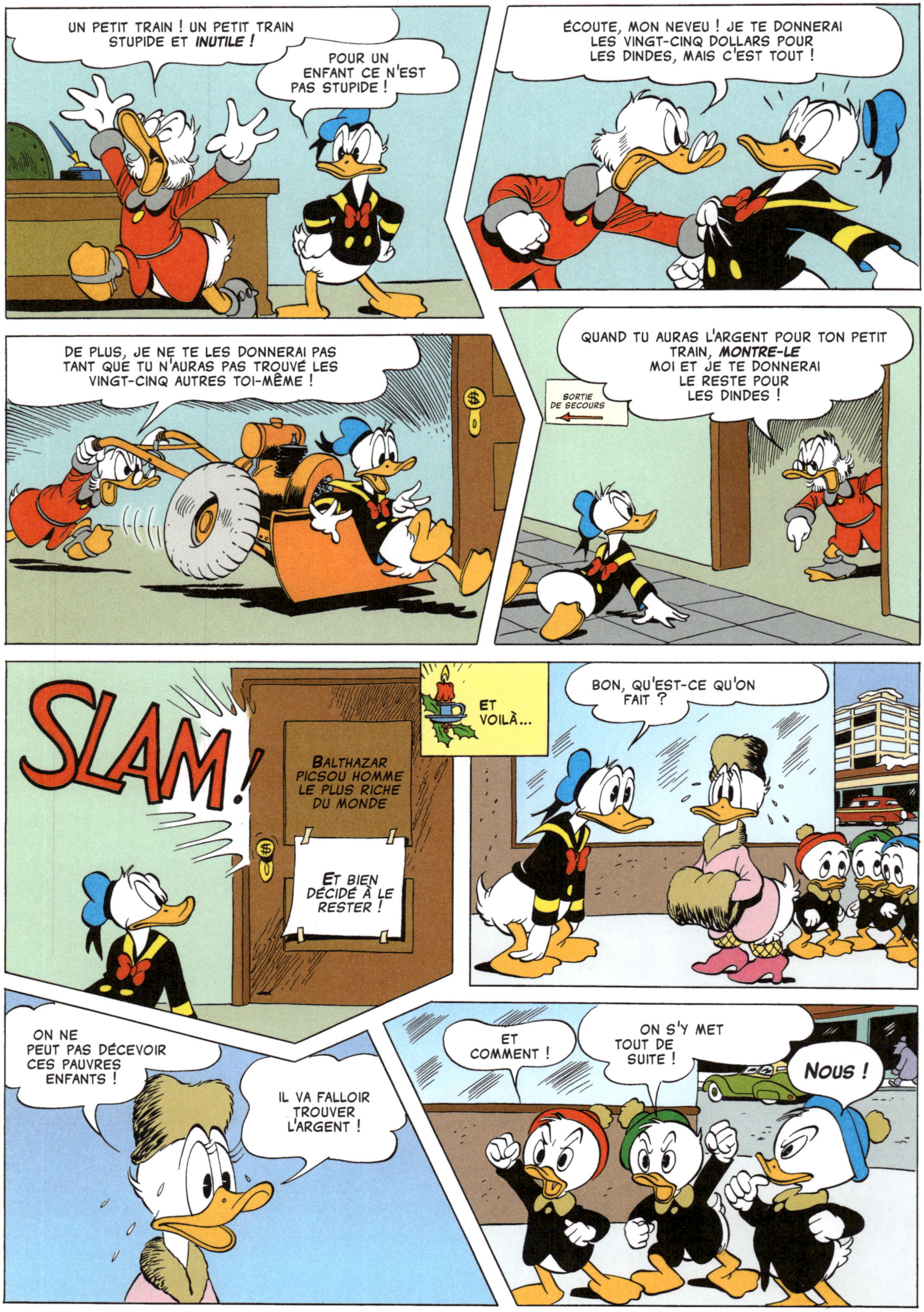
UN PETIT TRAIN ! UN PETIT TRAIN STUPIDE ET *INUTILE* !
POUR UN ENFANT CE N'EST PAS STUPIDE !
ÉCOUTE, MON NEVEU ! JE TE DONNERAI LES VINGT-CINQ DOLLARS POUR LES DINDES, MAIS C'EST TOUT !
DE PLUS, JE NE TE LES DONNERAI PAS TANT QUE TU N'AURAS PAS TROUVÉ LES VINGT-CINQ AUTRES TOI-MÊME !
SORTIE DE SECOURS
QUAND TU AURAS L'ARGENT POUR TON PETIT TRAIN, *MONTRE-LE* MOI ET JE TE DONNERAI LE RESTE POUR LES DINDES !
SLAM !
BALTHAZAR PICSOU HOMME LE PLUS RICHE DU MONDE
ET BIEN DÉCIDÉ À LE RESTER !
ET VOILÀ...
BON, QU'EST-CE QU'ON FAIT ?
ON NE PEUT PAS DÉCEVOIR CES PAUVRES ENFANTS !
IL VA FALLOIR TROUVER L'ARGENT !
ET COMMENT !
ON S'Y MET TOUT DE SUITE !
NOUS !

ONC' DONALD COMBIEN ALLAIS-TU DÉPENSER POUR NOS CADEAUX DE NOËL ?
GLOUPS CINQ DOLLARS ...
DONNE-LES À DAISY !
IL RESTE VINGT DOLLARS...
... À TROUVER !
ET VOICI LES CINQ QU'ON ALLAIT DÉPENSER POUR LE CADEAU D'ONCLE DONALD ! ÇA NE FAIT PLUS QUE QUINZE !
ON VA RASSEMBLER LES CASTORS JUNIORS ET DÉSENNEIGER DES CHAUSSÉES ! ON DEVRAIT RÉUNIR CINQ DOLLARS !
SI LES ENFANTS PEUVENT FAIRE ÇA, MOI JE PEUX VENDRE MES TRICOTS ! ÇA DEVRAIT FAIRE ENCORE CINQ DE PLUS !
JE ME SENS BIEN SEUL, TOUT À COUP !
BON ! MON NOËL S'EST ENVOLÉ, CELUI DES ENFANTS AUSSI, ET CELUI DE DAISY EN PRIME !
J'ESPÈRE QUE LES GAMINS DE PAUVREVILLE EN AURONT POUR NOTRE ARGENT, AVEC CE PETIT TRAIN !

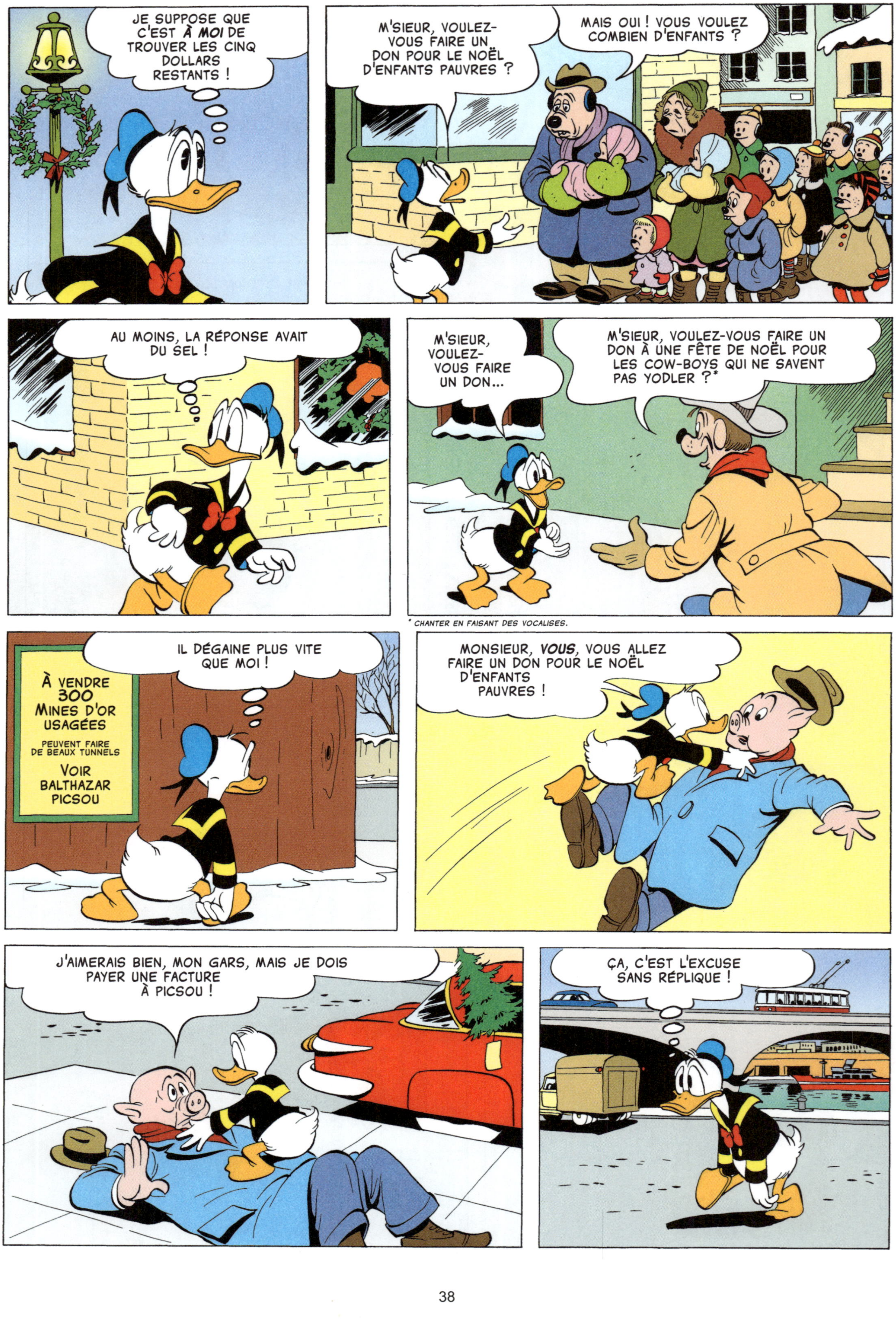

* CHANTER EN FAISANT DES VOCALISES.

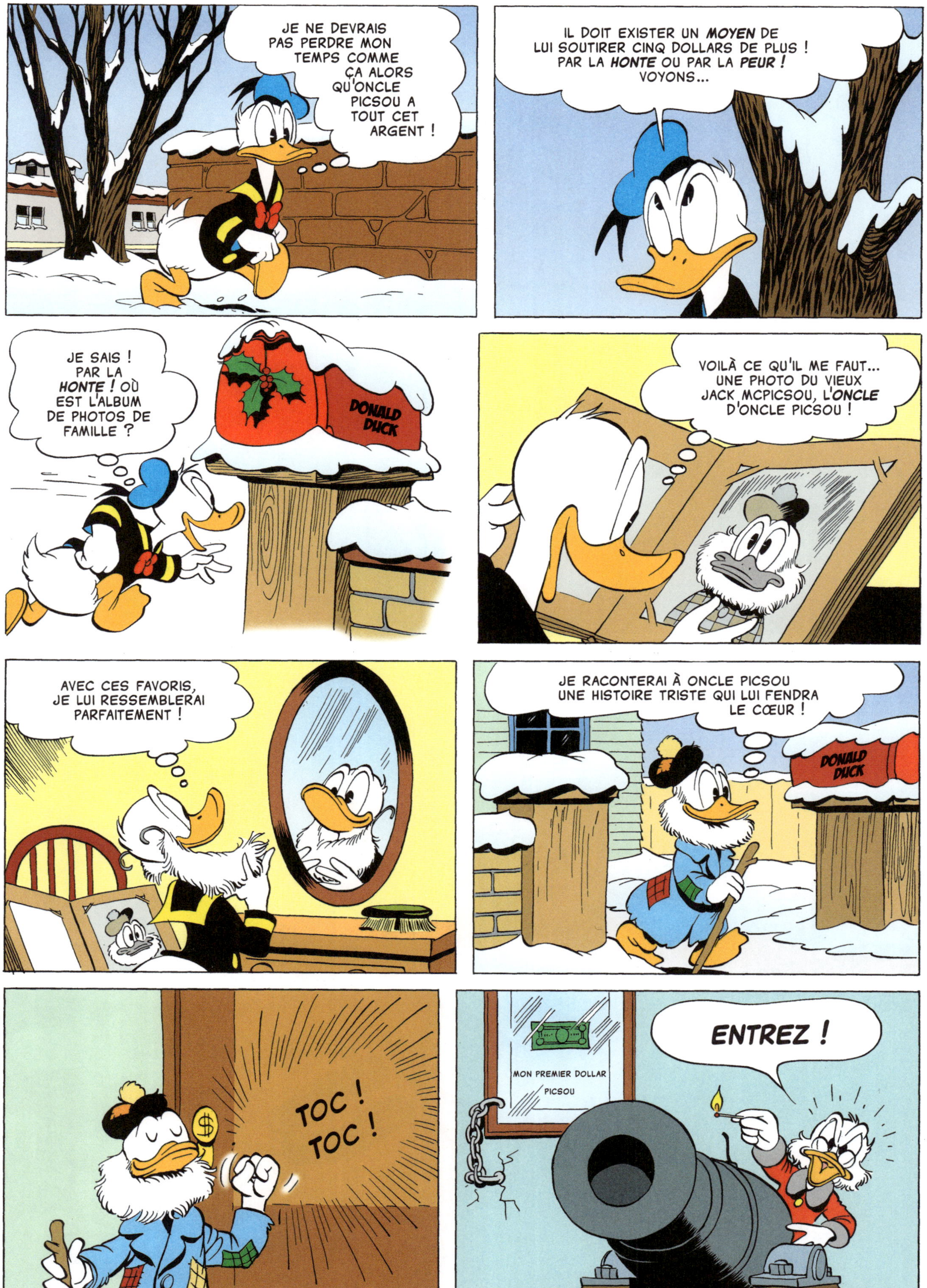
JE NE DEVRAIS PAS PERDRE MON TEMPS COMME ÇA ALORS QU'ONCLE PICSOU A TOUT CET ARGENT !
IL DOIT EXISTER UN MOYEN DE LUI SOUTIRER CINQ DOLLARS DE PLUS ! PAR LA HONTE OU PAR LA PEUR ! VOYONS...
JE SAIS ! PAR LA HONTE ! OÙ EST L'ALBUM DE PHOTOS DE FAMILLE ?
DONALD DUCK
VOILÀ CE QU'IL ME FAUT... UNE PHOTO DU VIEUX JACK MCPICSOU, L'ONCLE D'ONCLE PICSOU !
AVEC CES FAVORIS, JE LUI RESSEMBLERAI PARFAITEMENT !
JE RACONTERAI À ONCLE PICSOU UNE HISTOIRE TRISTE QUI LUI FENDRA LE CŒUR !
DONALD DUCK
TOC ! TOC !
MON PREMIER DOLLAR
PICSOU
ENTREZ !

QUI DIABLE ÊTES-VOUS, VOUS ?
TON PAUVRRRE VIEIL ONCLE JACK, ZAZAR, MON P'TIOT ! TU T'RRRAPELLES DONC POINT D'MOI ?
MAIS, BIEN SÛR ! MON CHER VIEIL ONCLE JACK QUI ME PRENAIT SUR SES GENOUX QUAND J'ÉTAIS PETIT, EN ÉCOSSE !
JE ME SOUVIENS AUSSI DU SHILLING QUE JE T'AI PRÊTÉ IL Y A SOIXANTE ANS, VIEUX BON À RIEN !
AVEC LES INTÉRÊTS COMPOSÉS ET AU TAUX DE CHANGE ACTUEL, CE SHILLING REVIENT À...
HUIT MILLES TROIS CENT VINGT-SIX DOLLARS QUE TU ME DOIS ! PAYE !
J'AURAIS DÛ VÉRIFIER LE PASSÉ D'ONCLE JACK !
GARDEZ VOTRE VILLE PROPRE
BON ! IL ME RESTE LA PEUR POUR LUI SOUTIRER L'ARGENT !
VOYONS... QU'EST-CE QUI LUI FERAIT LE PLUS PEUR ? LES FANTÔMES ? LES VOLEURS ? LES TERMITES ?

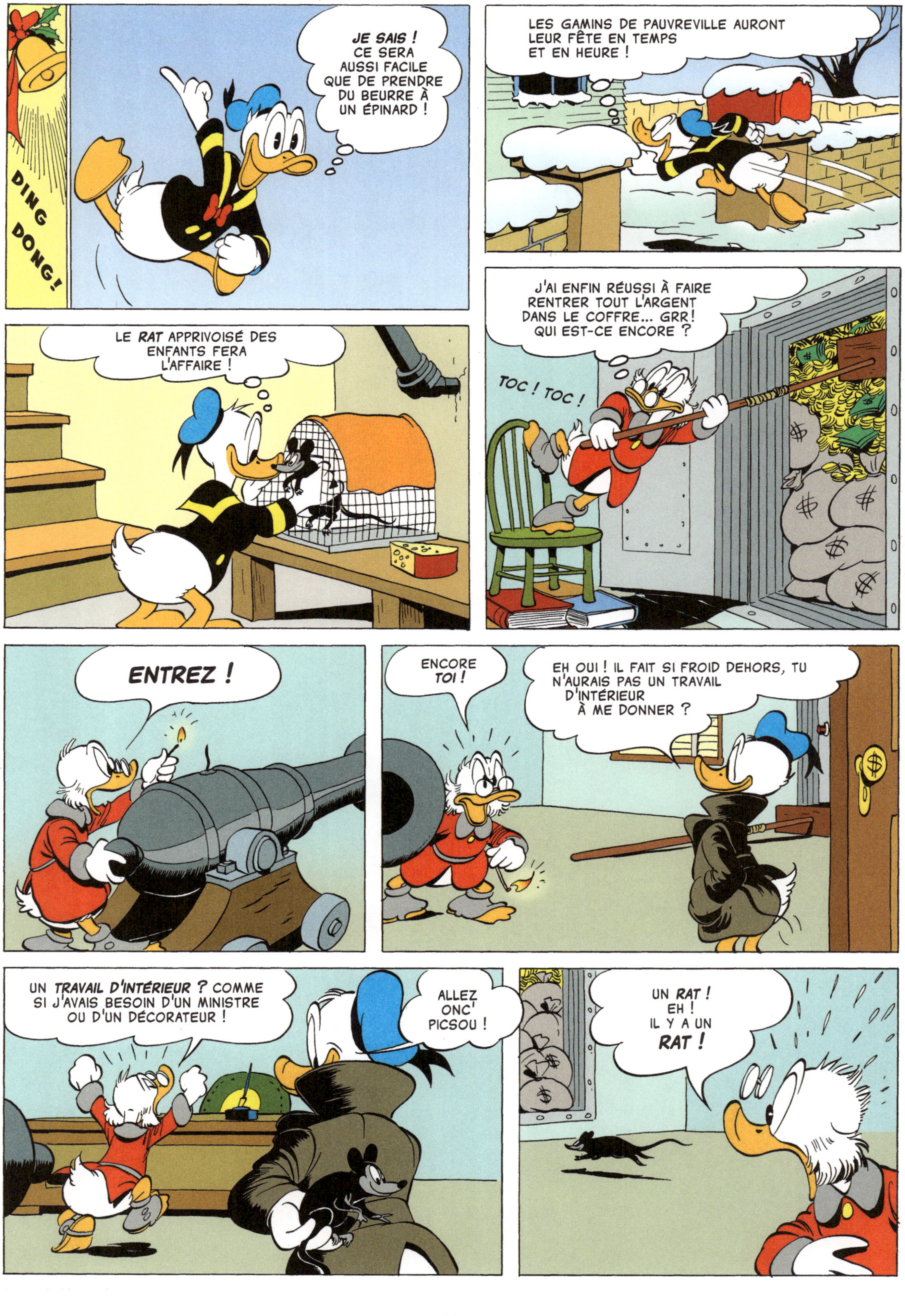
DING DONG !
JE SAIS ! CE SERA AUSSI FACILE QUE DE PRENDRE DU BEURRE À UN ÉPINARD !
LES GAMINS DE PAUVREVILLE AURONT LEUR FÊTE EN TEMPS ET EN HEURE !
LE RAT APPRIVOISÉ DES ENFANTS FERA L'AFFAIRE !
J'AI ENFIN RÉUSSI À FAIRE RENTRER TOUT L'ARGENT DANS LE COFFRE... GRR ! QUI EST-CE ENCORE ?
TOC ! TOC !
ENTREZ !
ENCORE TOI !
EH OUI ! IL FAIT SI FROID DEHORS, TU N'AURAIS PAS UN TRAVAIL D'INTÉRIEUR À ME DONNER ?
UN TRAVAIL D'INTÉRIEUR ? COMME SI J'AVAIS BESOIN D'UN MINISTRE OU D'UN DÉCORATEUR !
ALLEZ ONC' PICSOU !
UN RAT ! EH ! IL Y A UN RAT !

UN RAT ! IL VA ME GRIGNOTER DES MILLIONS EN BILLETS !
VIENS ICI, RONGEUR GLOUTON ET BAVEUR !
AIDE-MOI À L'ATTRAPER AVANT QU'IL NE MANGE MON ARGENT ! JE TE DONNERAI 10 CENTS !
JE NE M'ATTAQUERAI PAS À UN PAREIL FAUVE À MOINS DE CINQ DOLLARS !
D'ACCORD, D'ACCORD, TU LES AURAS... MAIS ATTRAPE LE !
VIENS PETIT, PETIT ! QUELLE COÏNCIDENCE ! J'AVAIS JUSTEMENT UN MORCEAU DE FROMAGE DANS MA POCHE !
IL VIENT CHERCHER LE FROMAGE ! JE LE TIENS !
VOILÀ TON ARGENT, MON NEVEU, MAIS IL N'Y A PAS QUE TON FROMAGE QUI SENTE MAUVAIS !

ALORS, LES ENFANTS ! ÇA S'EST BIEN PASSÉ ?
TRÈS BIEN, ONC' DONALD ! LES CASTORS JUNIORS ONT GAGNÉ CINQ DOLLARS EN DÉBLAYANT LA NEIGE !
AVENUE PICSOU
MOI, J'EN AI SOUTIRÉ CINQ AUTRES À ONCLE PICSOU AVEC VOTRE RAT ! ALLONS CHERCHER DAISY !
DONALD ! J'AI VENDU POUR CINQ DOLLARS DE TRICOTS !
PELOUSE INTERDITE
HOURRA ! ON A RÉUNI TOUTE LA *FORTUNE* !
VOILÀ LES CINQ DES CASTORS JUNIORS !
ET LES CINQ DE MES TRICOTS !
ET VOILÀ LES CINQ D'ONCLE PICSOU !
OH, OH !
J'AI MIS LE BILLET DANS LA MÊME POCHE QUE LE *RAT* !

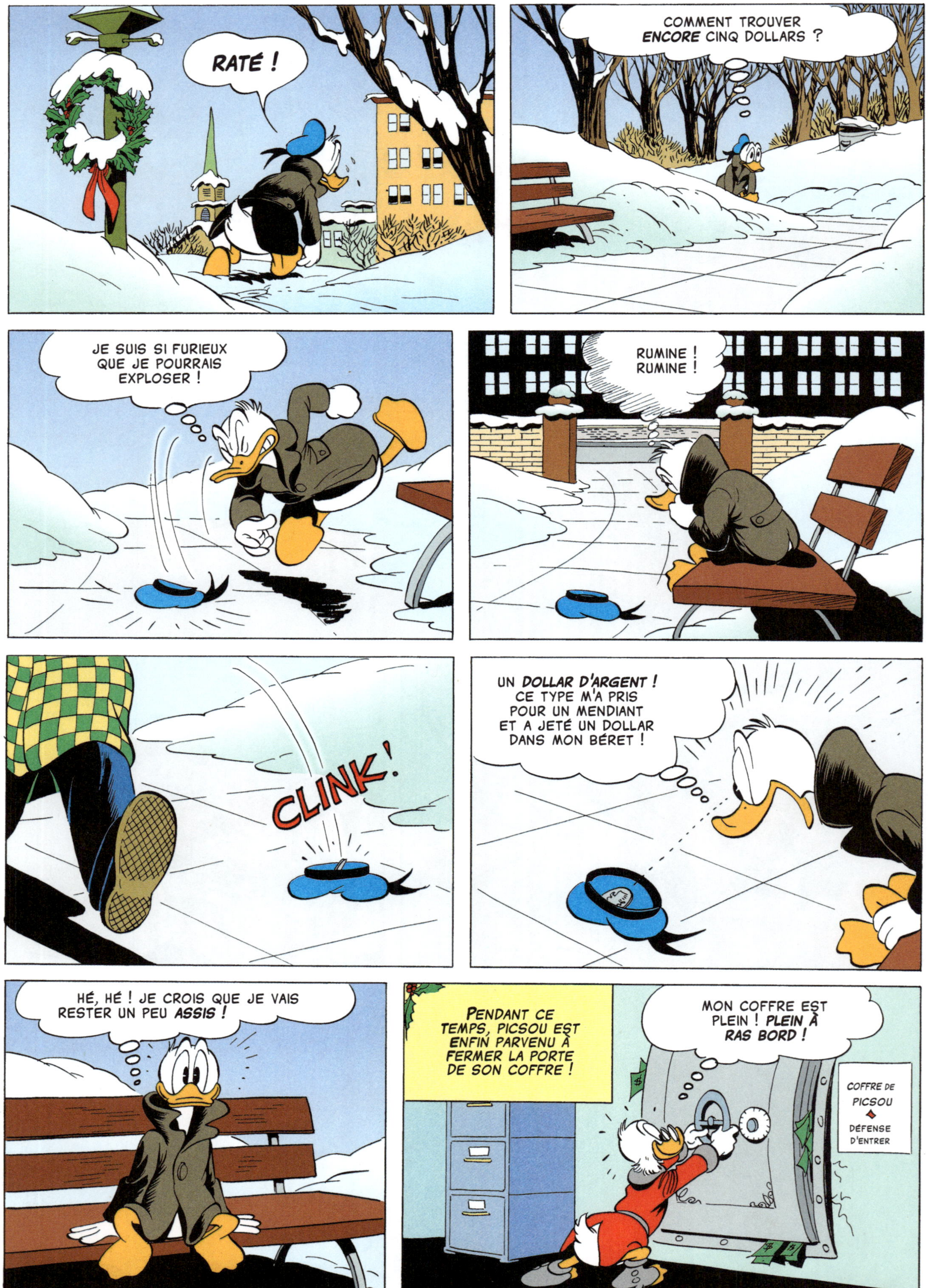
RATÉ !
COMMENT TROUVER **ENCORE** CINQ DOLLARS ?
JE SUIS SI FURIEUX QUE JE POURRAIS EXPLOSER !
RUMINE ! RUMINE !
CLINK !
UN **DOLLAR D'ARGENT !** CE TYPE M'A PRIS POUR UN MENDIANT ET A JETÉ UN DOLLAR DANS MON BÉRET !
HÉ, HÉ ! JE CROIS QUE JE VAIS RESTER UN PEU **ASSIS !**
PENDANT CE TEMPS, PICSOU EST ENFIN PARVENU À FERMER LA PORTE DE SON COFFRE !
MON COFFRE EST PLEIN ! **PLEIN À RAS BORD !**
COFFRE DE PICSOU DÉFENSE D'ENTRER

À PRÉSENT, ÉCONOMISONS CINQ CENTS EN RENTRANT À PIED PAR LE PARC PLUTÔT QU'EN VOITURE !
BUILDING PICSOU
QUE VOIS-JE ? MON NEVEU DONALD QUI MENDIE COMME UN VULGAIRE CLOCHARD ?
DONALD ! TU N'AS PAS HONTE ?
PAS QUAND JE PEUX GAGNER UN DOLLAR EN CINQ MINUTES !
TU N'ES LÀ QUE DEPUIS CINQ MINUTES ET... ET...
POUSSE-TOI ! S'IL Y A DE L'ARGENT FACILE JE SUIS PRENEUR !
LE SEUL BON BANC DE TOUT LE PARC ET C'EST LUI QUI LE PREND !
POURVU QU'ON NE ME RECONNAISSE PAS ! JE VAIS REMONTER MON COL ET PRENDRE L'AIR PAUVRE !

PENDANT CE TEMPS LES ENFANTS DE PAUVREVILLE FONT DE MERVEILLEUX PLANS...
UN PETIT TRAIN ! ON VA VRAIMENT AVOIR UN PETIT TRAIN POUR NOËL ?
LES GENTILLES DAMES L'ONT PROMIS !
INSTALLONS LES RAILS AU COIN, DEVANT LA CABANE DE JOEY, QUI NE PEUT PAS MARCHER ! COMME ÇA, IL LE VERRA PASSER !
ON ATTACHERA UNE CORDE À SON LIT POUR QU'IL FASSE SONNER LA CLOCHE DE LA LOCOMOTIVE !
ON VA TOUS S'AMUSER !
PLUS QU'ON NE SE SERA AMUSÉS AUPARAVANT !
JE DOIS ENCORE TROUVER QUATRE DOLLARS ! QUAND ON LES A, CE N'EST PAS GRAND CHOSE... MAIS QUAND ON NE LES A PAS, C'EST BEAUCOUP !
WOAH ! QUI VOIS-JE ?
GONTRAN BONHEUR ! MON VEINARD DE COUSIN !
BONBONS

TU ES EXACTEMENT CELUI QUI PEUT M'AIDER, GONTRAN !
QUELLE PECCADILLE TE PRÉOCCUPE, COUSIN ?
TAP
IL ME FAUT QUATRE DOLLARS ! TU AS DE L'ARGENT ?
JAMAIS ! JE N'EN AI PAS BESOIN !
ALORS, TROUVES-EN POUR MOI ! TU TOMBES TOUJOURS SUR DES PORTEFEUILLES !
C'EST LA MORTE SAISON ! LES PORTEFEUILLES PERDUS SONT ENFOUIS SOUS LA NEIGE !
MAIS TOI TU PEUX LES TROUVER ! TU ES ASSEZ CHANCEUX POUR ÇA !
DONALD PARLE À GONTRAN DE LA FÊTE POUR PAUVREVILLE !
POUR UNE AUSSI BONNE CAUSE, J'ESSAIERAI !
MISÈRE ! JE VAIS DEVOIR SOUHAITER TRÈS FORT... ET SOUHAITER, C'EST DU TRAVAIL !
VIENS ! ALLONS-Y !
UR 2
EST-CE QU'IL Y AURAIT DES PORTEFEUILLES DEVANT CE GRAND HÔTEL ?
POSSIBLE, COUSIN ! MAIS PAS SÛR !
VIENS ! JE VAIS PASSER DEVANT EN TENANT MON CHAPEAU ! L'ARGENT TOMBERA PEUT-ÊTRE D'UNE FENÊTRE !

TENONS-NOUS SOUS CES FENÊTRES ! C'EST LÀ QUE LES RICHES ONT LEURS CHAMBRES !
JE ME SENS BÊTE, PLANTÉ LÀ AVEC TOUS CES GENS QUI NOUS REGARDENT !
PLOP
UN PLAISANTIN A JETÉ UNE PIÈCE DE **10 CENTS BRÛLANTE** DANS TON CHAPEAU !
ELLE EST PASSÉE À TRAVERS !
JE VAIS LUI CASSER LA FIGURE, À CE PETIT MALIN !
NON ! **ATTENDS** !
LA PIÈCE A CREUSÉ UN TROU DANS LA NEIGE ! JE SAVAIS QUE MA CHANCE NE M'ABANDONNERAIT PAS !
TU VOIS ? IL Y AVAIT UN **PORTEFEUILLE** SOUS LA NEIGE ! LA PIÈCE M'A MONTRÉ OÙ IL ÉTAIT !
SAPERLIPOPETTE ! IL Y AURA SÛREMENT UNE GROSSE **RÉCOMPENSE** POUR QUI RAPPORTERA CE **MAGOT** !

PLUS TARD...
VOICI LA GROSSE RÉCOMPENSE ! ET VOICI TES QUATRE DOLLARS, COUSIN !
ET IL T'EN RESTE **BIEN ASSEZ** POUR T'ACHETER UN CHAPEAU NEUF !
EH OUI ! QUAND ON M'A SURNOMMÉ "LE CHANCEUX", CE N'ÉTAIT PAS DU PIPEAU !
JE DOIS FILER ! MERCI MILLE FOIS, GONTRAN, CHÈRE VIEILLE BRANCHE !
EEH !
J'AIMERAIS AVOIR LA PIÈCE QUI A TRAVERSÉ TON CHAPEAU !
TU LA VEUX ?
OUI ! JE VOUDRAIS FAIRE QUELQUE CHOSE AVEC !
HUM... BON ! MAIS SOIS **PRUDENT !**
ELLE M'A PORTÉ CHANCE À **MOI !** ELLE POURRAIT **TE** PORTER MALCHANCE !
JE COURS LE RISQUE !
ET VOILÀ MON **PAUVRE** VIEIL ONCLE PICSOU ! IL A L'AIR SI **DÉMUNI !**

SALUT, ONC' PICSOU ! ÇA MARCHE, LA MANCHE ?
CE NE SONT PAS TES OIGNONS !
NE FAIS PAS LA TÊTE ! VOICI UNE BELLE PIÈCE DE 10 CENTS POUR TOI !
SNIFF !
SI SEULEMENT DONALD SAVAIT QUELLE AFFREUSE CATASTROPHE CETTE PIÈCE VA DÉCLENCHER !
À PRÉSENT, FILONS CHEZ DAISY !
FORMIDABLE ! TU AS L'ARGENT POUR LE PETIT TRAIN !
LES ENFANTS DE PAUVREVILLE AURONT LEUR NOËL, APRÈS TOUT !
PRENONS CES VINGT-CINQ DOLLARS ET ALLONS CHERCHER CEUX QU'ONCLE PICSOU NOUS A PROMIS !
VIVE LE VENT ! VIVE LE VENT ! VIVE LE VENT D'HIVER !
PENDANT CE TEMPS, PICSOU EN A ASSEZ !
BAH ! VOILÀ UNE DEMI-HEURE QUE JE SUIS LÀ ET TOUT CE QUE J'AI OBTENU, CE SONT LES 10 CENTS DE DONALD !
MAIS UN SOU, C'EST UN SOU ! JE VAIS LE METTRE DANS MON COFFRE !

JE N'OSE PAS DÉVERROUILLER CETTE PORTE !
JE SAIS ! JE VAIS LA FAIRE RENTRER PAR LE VASISTAS !
MILLE ÉDREDONS ! CE TOIT EST TENDU À CRAQUER !
JE NE POURRAI PLUS METTRE BEAUCOUP DE PIÈCES LÀ-DEDANS !
COMME TU AS RAISON, PICSOU !
RUMBLE
MISÉRICORDE ! QUE S'EST-IL PASSÉ ? OH, OH !
ONCLE PICSOU DOIT ÊTRE QUELQUE PART ! SON BUREAU EST OUVERT !
SI TU VIENS CHERCHER TES VINGT-CINQ DOLLARS, DONALD, TU ARRIVES **10 CENTS** TROP TARD !

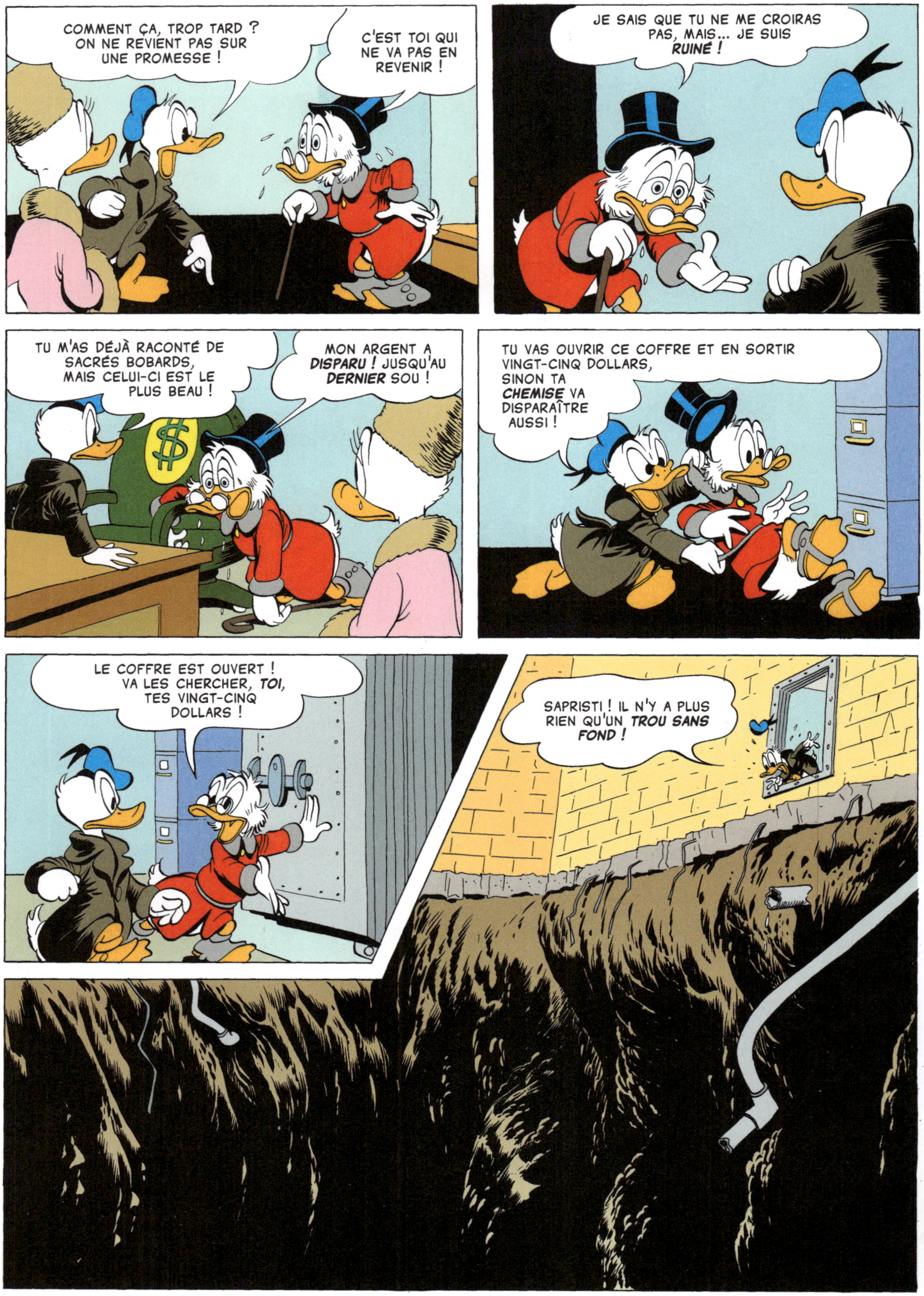
COMMENT ÇA, TROP TARD ? ON NE REVIENT PAS SUR UNE PROMESSE !
C'EST TOI QUI NE VA PAS EN REVENIR !
JE SAIS QUE TU NE ME CROIRAS PAS, MAIS... JE SUIS **RUINÉ !**
TU M'AS DÉJÀ RACONTÉ DE SACRÉS BOBARDS, MAIS CELUI-CI EST LE PLUS BEAU !
MON ARGENT A **DISPARU !** JUSQU'AU **DERNIER** SOU !
TU VAS OUVRIR CE COFFRE ET EN SORTIR VINGT-CINQ DOLLARS, SINON TA **CHEMISE** VA DISPARAÎTRE AUSSI !
LE COFFRE EST OUVERT ! VA LES CHERCHER, *TOI*, TES VINGT-CINQ DOLLARS !
SAPRISTI ! IL N'Y A PLUS RIEN QU'UN **TROU SANS FOND !**

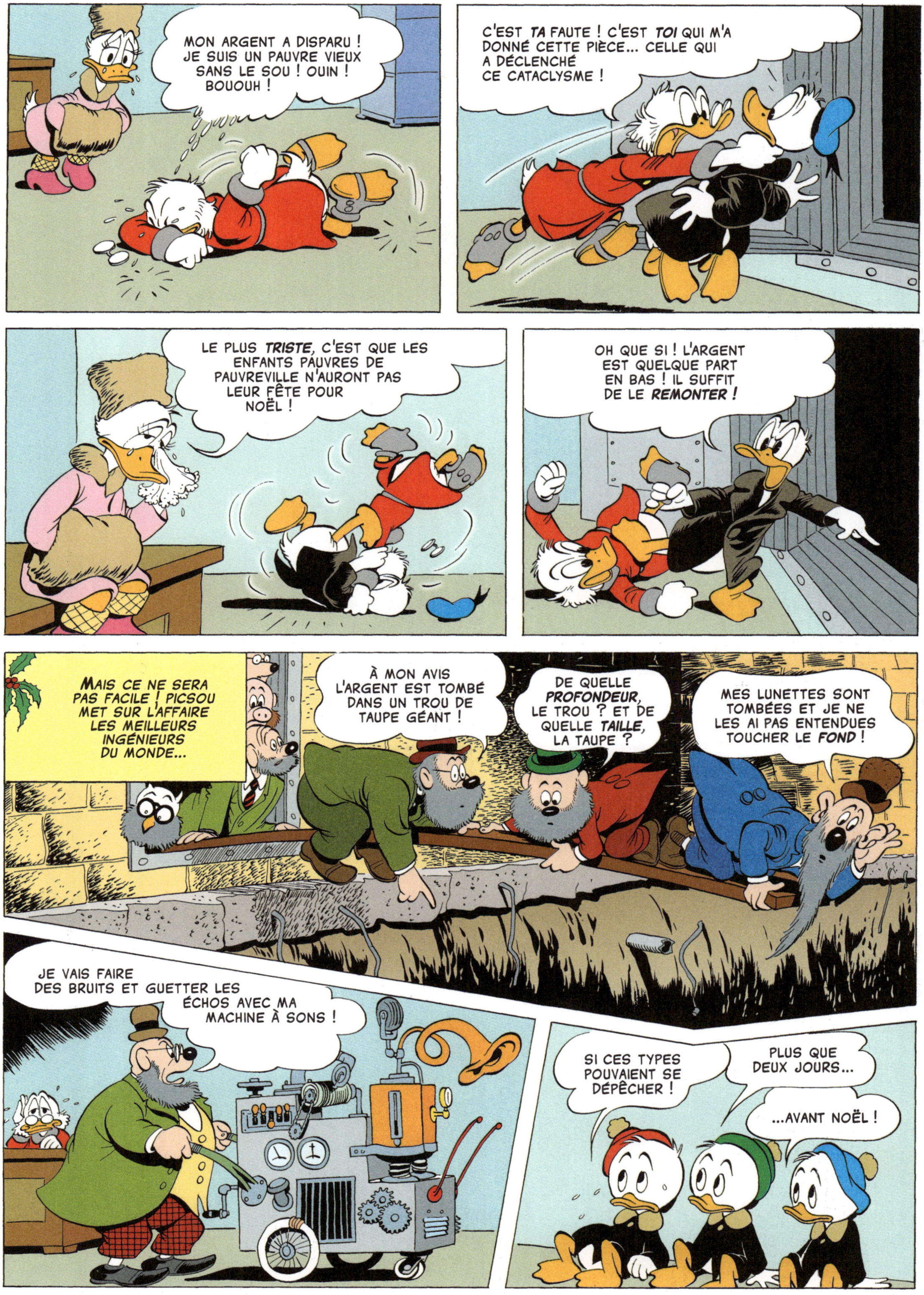
MON ARGENT A DISPARU ! JE SUIS UN PAUVRE VIEUX SANS LE SOU ! OUIN ! BOUOUH !
C'EST TA FAUTE ! C'EST TOI QUI M'A DONNÉ CETTE PIÈCE... CELLE QUI A DÉCLENCHÉ CE CATACLYSME !
LE PLUS TRISTE, C'EST QUE LES ENFANTS PAUVRES DE PAUVREVILLE N'AURONT PAS LEUR FÊTE POUR NOËL !
OH QUE SI ! L'ARGENT EST QUELQUE PART EN BAS ! IL SUFFIT DE LE REMONTER !
MAIS CE NE SERA PAS FACILE ! PICSOU MET SUR L'AFFAIRE LES MEILLEURS INGÉNIEURS DU MONDE...
À MON AVIS L'ARGENT EST TOMBÉ DANS UN TROU DE TAUPE GÉANT !
DE QUELLE PROFONDEUR, LE TROU ? ET DE QUELLE TAILLE, LA TAUPE ?
MES LUNETTES SONT TOMBÉES ET JE NE LES AI PAS ENTENDUES TOUCHER LE FOND !
JE VAIS FAIRE DES BRUITS ET GUETTER LES ÉCHOS AVEC MA MACHINE À SONS !
SI CES TYPES POUVAIENT SE DÉPÊCHER !
PLUS QUE DEUX JOURS...
...AVANT NOËL !

LES INGÉNIEURS PARVIENNENT ENFIN À UNE CONCLUSION...
VOUS NE SORTIREZ JAMAIS VOTRE ARGENT DE LÀ, MONSIEUR PICSOU !
JUS D'ASPIRINE
NOUS AVONS PRÉPARÉ CECI, POUR VOUS EN EXPLIQUER LA RAISON !
RAPPORT SUR LE GRAND CATACLYSME PICSOU
VOICI VOTRE COFFRE VU EN COUPE !
TROP DE TONNES D'ARGENT
SOUS LE COFFRE SE TROUVE UNE ÉNORME CAVERNE NATURELLE !
ROCHE
CAVERNE INCONNUE
QUAND VOUS AVEZ JETÉ CETTE DERNIÈRE PIÈCE, LA PAROI SUPÉRIEURE DE LA CAVERNE A CÉDÉ !
ET VOTRE ARGENT EST DESCENDU ICI, TOUT EN BAS !
COMME UNE PROIE QUI DESCEND TOUT EN BAS LE LONG D'UN SERPENT GLOUTON !

CECI DIT, ÇA DEVRAIT ÊTRE FACILE D'UTILISER DES SEAUX POUR REMONTER L'ARGENT ! POURQUOI NE PAS FAIRE ÇA ?
PARCE QU'IL Y A UNE AUTRE CROÛTE TRÈS MINCE EN DESSOUS DE L'ARGENT !
SABLES MOUVANTS
ET LA PLUS PETITE VIBRATION LE FERA TOMBER DANS DES SABLES MOUVANTS SANS FOND !
ALORS, CREUSEZ UN TUNNEL ! COMME CECI !
IL FAUT DES MACHINES POUR CREUSER UN TUNNEL ET ÇA FAIT DES VIBRATIONS !
AU REVOIR, MONSIEUR PICSOU ! VOUS DEVRIEZ OUBLIER CET ARGENT ! VOUS NE LE RESSORTIREZ JAMAIS DE CE TROU !
DRÔLEMENT OPTIMISTES, PAS VRAI ?
LA SEULE CHOSE QU'ILS AIENT EN COMMUN AVEC LE PÈRE NOËL, C'EST LA BARBE !
BOUOUOUH ! OUIN ! SNIF ! JE SUIS UN PAUVRE VIEUX SANS LE SOU ! BOUOUH !

NOS AMIS SE RÉUNISSENT POUR DÉCIDER DE LA CONDUITE À ADOPTER...
ON FERA LA FÊTE QUAND MÊME ! ON SE SERVIRA DE L'ARGENT POUR ACHETER DES DINDES !
ALORS, IL N'Y AURA PAS DE PETIT TRAIN ?
NON !
C'EST PAS JUSTE ! C'EST PAS JUSTE !
JE PARIE QUE LES ENFANTS VOULAIENT CE TRAIN PLUS QUE TOUT LE RESTE !
MISÈRE ! SI SEULEMENT IL Y AVAIT UN MOYEN DE SAUVER L'ARGENT D'ONCLE PICSOU...
LE LENDEMAIN MATIN...
DEBOUT, PARESSEUX ! C'EST L'HEURE DU PETIT-DÉJEUNER !
ON RÉFLÉCHIT. ONC' DONALD !
RÉFLÉCHISSEZ DONC À UN MOYEN DE JOINDRE LES DEUX BOUTS !
DEPUIS QUE L'ONCLE PICSOU A PERDU SA FORTUNE, IL HABITE AVEC NOUS !
EST-CE MON TROISIÈME BOL DE FLOCONS D'AVOINE OU MON QUATRIÈME ? MES LARMES M'EMPÊCHENT DE VOIR LA TABLE !

LES ENFANTS DESCENDENT ENFIN DÉJEUNER !
DONNE-NOUS VITE NOS FLOCONS D'AVOINE, ONC' DONALD !
ON VIENT D'AVOIR UNE IDÉE !
L'ÉTÉ DERNIER, PENDANT UNE RANDONNÉE AVEC LES CASTORS JUNIORS, NOUS AVONS VU UNE CAVERNE !
ELLE ÉTAIT DANS LE CANYON, EN DESSOUS DE PAUVREVILLE !
ET S'ÉTENDAIT DANS LES COLLINES, SOUS LA VILLE !
UNE CAVERNE SOUS LA VILLE ? PRENEZ VOS MANTEAUX ET VOS TORCHES ! QU'EST-CE QU'ON ATTEND ?
PLUS TARD...
LA VOILÀ ! C'EST JUSTE UN PETIT TROU SOUS CES ARBRES !
ES-TU PARTANT POUR L'EXPLORER, ONC' PICSOU !
ÉVIDEMMENT !
ÇA DESCEND! ÇA DESCEND!
OÙ AI-JE DÉJÀ ENTENDU ÇA ?
MA PAROLE ! JE CROIS BIEN QUE ÇA NOUS CONDUIT À MON ARGENT!

UN PEU PLUS TARD...
FLÛTE ! LE TERMINUS !
PAS DE CHANCE ! ON DOIT ÊTRE EN DESSOUS DE TON ARGENT ET IMPOSSIBLE DE CREUSER !
MMM ! IL Y A UN **TROU** QUELQUE PART ! ÇA **SENT** L'ARGENT !
SNIFF ! SNIFF !
SNIFF SNIFF
AAHA ! UN **TERRIER DE BLAIREAU !** ET L'ARGENT EST À L'AUTRE BOUT !
BON, D'ACCORD. MAIS ÇA NOUS SERT À **QUOI ?**
ON NE PEUT PAS AGRANDIR CE TROU.
NON ! TOUT S'EFFONDRERAIT ! DES PIERRES TOMBENT DÉJÀ...
ON VA SOUMETTRE LE PROBLÈME AUX CASTORS JUNIORS.
UN CASTOR JUNIOR...
... A RÉPONSE À **TOUT !**

LES HEURES PASSENT...
TU DEVRAIS RENTRER, DONALD. MOI, JE RESTE. JE N'AI PAS D'AUTRE RAISON DE VIVRE.
QUE VAS-TU FAIRE ICI ?
JE PEUX SENTIR MON ARGENT. INHALER SON DÉLICIEUX ARÔME ET RENIFLER SON PARFUM DÉLICAT ! JE SERAI HEUREUX COMME CHEZ MOI !
OUIN ! SNIF !
ON A TROUVÉ !
ON A LE MOYEN DE SORTIR TON ARGENT !
LES CASTORS JUNIORS ONT FOUILLÉ DANS LEURS VIEUX JOUETS ET RÉUNI ASSEZ DE MORCEAUX POUR FABRIQUER CECI !
UN PETIT TRAIN ?
OUI ! UN PETIT TRAIN STUPIDE ET INUTILE ! REGARDE !
CES RAILS VONT ÉPOUSER LES COURBES DU TROU !
À PRÉSENT, ENVOYONS LA LOCO ET LE WAGON À CHARBON !
JUNIOR

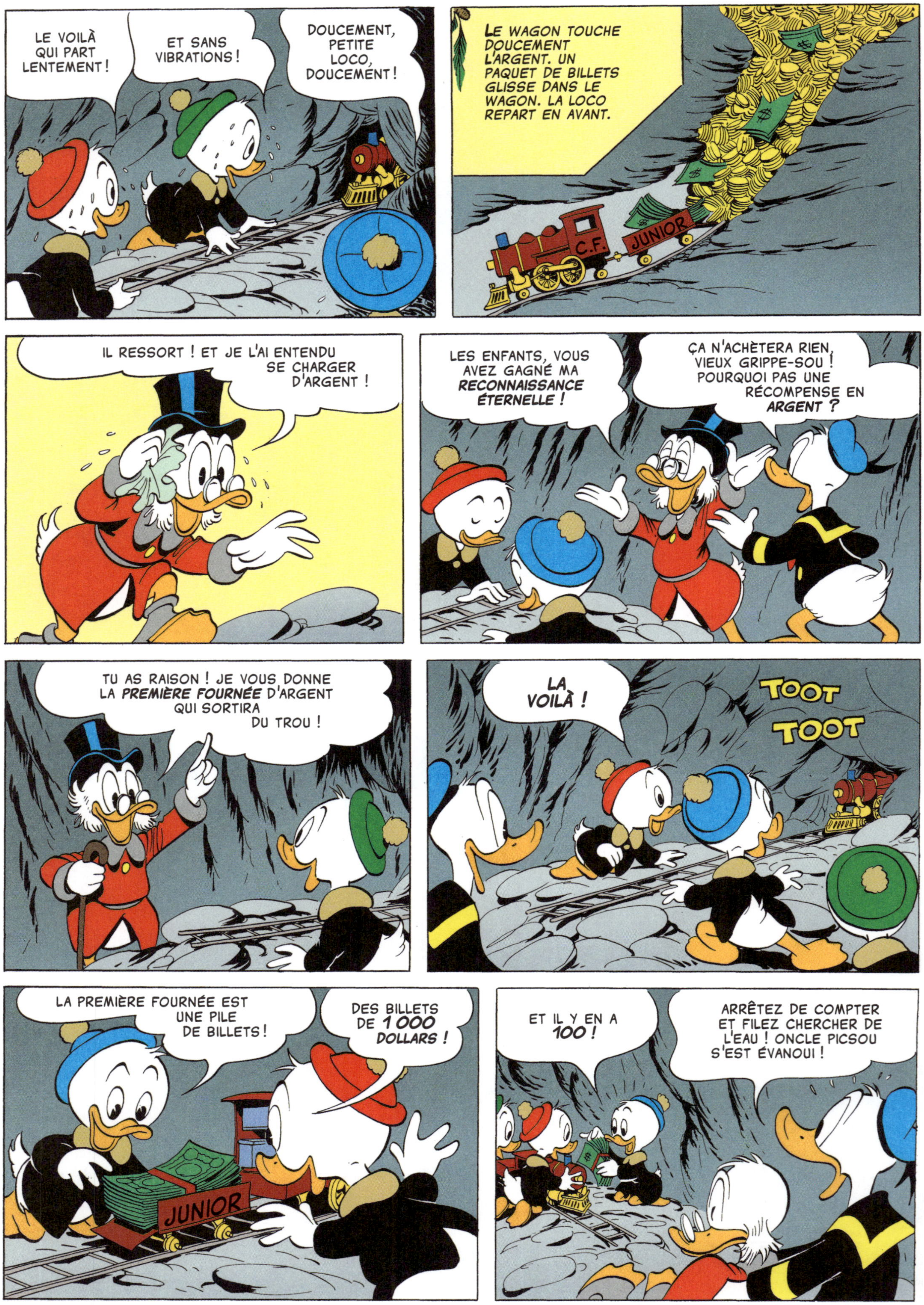
LE VOILÀ QUI PART LENTEMENT !
ET SANS VIBRATIONS !
DOUCEMENT, PETITE LOCO, DOUCEMENT !
LE WAGON TOUCHE DOUCEMENT L'ARGENT. UN PAQUET DE BILLETS GLISSE DANS LE WAGON. LA LOCO REPART EN AVANT.
C.F.
JUNIOR
IL RESSORT ! ET JE L'AI ENTENDU SE CHARGER D'ARGENT !
LES ENFANTS, VOUS AVEZ GAGNÉ MA RECONNAISSANCE ÉTERNELLE !
ÇA N'ACHÈTERA RIEN, VIEUX GRIPPE-SOU ! POURQUOI PAS UNE RÉCOMPENSE EN ARGENT ?
TU AS RAISON ! JE VOUS DONNE LA PREMIÈRE FOURNÉE D'ARGENT QUI SORTIRA DU TROU !
LA VOILÀ !
TOOT
TOOT
LA PREMIÈRE FOURNÉE EST UNE PILE DE BILLETS !
DES BILLETS DE 1 000 DOLLARS !
JUNIOR
ET IL Y EN A 100 !
ARRÊTEZ DE COMPTER ET FILEZ CHERCHER DE L'EAU ! ONCLE PICSOU S'EST ÉVANOUI !

Inutile de dire que les enfants de Pauvreville eurent un Noël colossal ! Avec des sapins colorés, des gâteaux, des bonbons, de la dinde...
... Et des dizaines de petits trains !
Où est ce bon monsieur Picsou dont l'argent a rendu tout cela possible ?
Moi je sais ! Je lui apporte une cuisse !
Je me doutais que je te trouverais ici, Onc' Picsou !
Mouais ! Et je risque d'y rester *longtemps* !
À la vitesse à laquelle ce fichu petit train sort mon argent...
... je serai là 272 ans, 11 mois, 3 semaines et 4 jours !
TOOT TOOT
FIN

Le pont de la rivière Couac

Première publication : octobre 1955

WALT DISNEY presents
Donald Duck
JE SUIS ENRAGÉ !
CETTE LETTRE EST UNE INSULTE À TOUS LES GARÇONS !
UN VÉRITABLE SCANDALE !
WDC 181
DE PLUS, ELLE OUTRAGE LA GRANDE ET NOBLE ORGANISATION DES CASTORS JUNIORS !
C'EST QUOI VOTRE PROBLÈME ?
CETTE LETTRE... CE DÉFI !
LES CASTORETTES, UNE PATROUILLE AU SUD DE DONALDVILLE, DÉFIENT LES CASTORS JUNIORS À UN CONCOURS DE TRAVAIL DU BOIS !
JE PENSAIS QUE C'ÉTAIT UN HONNEUR DE SE VOIR LANCER UN DÉFI PAR UN AUTRE CLUB !
UN AUTRE CLUB ! BAH !
1
TU NE COMPRENDS PAS, ONC' DONALD ! LES CASTORETTES SONT DES FILLES !

DES FILLES ?! C'EST VRAI QUE CE DÉFI EST UN VRAI SOUFFLET...
ELLES NOUS BATTRAIENT SÛREMENT À LA VANNERIE !
MAIS ELLES PRÉTENDENT ÊTRE IMBATTABLES EN CE QUI CONCERNE LE TRAVAIL DU BOIS !
VOUS ÊTES LES OFFENSÉS ! À VOUS DE CHOISIR LE THÈME DU CONCOURS !
C'EST VRAI. POURQUOI PAS LE CONCOURS DU MEILLEUR PISTEUR ?
TROP FACILE ! CHOISISSONS QUELQUE CHOSE DE TRÈS DUR...
UN TRUC QUE SEULS LES HOMMES PEUVENT FAIRE...
LA CONSTRUCTION D'UN PONT ! C'EST LE POINT LE PLUS DUR DU PROGRAMME DES CASTORS JUNIORS !
ELLES RETOURNERONT VITE À LEURS POUPÉES !
CE PONT ENJAMBERA UN GOUFFRE SANS FOND, BIEN SÛR !
BRAVO !
ALLONS VITE AU LOCAL DES CASTORS POUR SUGGÉRER ÇA AU G.C.I.R.S.I.* !
*GRAND COMMANDANT INCONTESTABLE DU ROYAUME DE LA SAGACITÉ INÉPUISABLE
ET L'APRÈS-MIDI ENSOLEILLÉ SUIVANT...
LE CONCOURS A LIEU AU RAVIN DE LA CRIQUE AUX CRIQUETS. JE VEUX VOIR ÇA.

LES CASTORETTES SONT LÀ, AU GRAND COMPLET. AINSI QUE LES CASTORS, MAIS...
NOTRE CHEF DE PATROUILLE EST ALLÉ À BURBANK VOIR SON PETIT-FILS MALADE !
NOUS DEVRONS CONSTRUIRE NOTRE PONT SANS SES CONSEILS D'EXPERT !
ÇA SENT LE ROUSSI ! LA CHEFTAINE DES CASTORETTES EST UNE ANCIENNE MILITAIRE DU GÉNIE...
MES CASTORETTES SONT PRÊTES À CONSTRUIRE LEUR PONT ! LES CASTORS POURRONT-ILS LE FAIRE SANS CHEF ?
OUI MONSIEUR, EUH... MADAME ! NOUS, RIRI, FIFI ET LOULOU DUCK, COMMANDERONS ! NOUS SOMMES GÉNÉRAUX DIX ÉTOILES ET CHEVALIERS DE LA GARDE D'HONNEUR !
CASTORS JUNIORS... GAAARDE-À-VOUS !
CLICK
CLICK
CLICK
DANS LA FORÊT, IL Y A DEUX PILES DE TRONCS POUR LES DEUX PONTS.
OUI. NOUS CONNAISSONS LES RÈGLES.
3
ALORS, QUE LE CONCOURS COMMENCE !
TA-RA TA-RA TA-RA

SOUVENEZ-VOUS, LE RAVIN DOIT ÊTRE FRANCHI À CET EMPLACEMENT.
VOUS AUREZ PLUS DE CHANCES EN CONSTRUISANT UN PONT ROULANT QU'ON PEUT DÉPLACER !
VOICI UN "PONT BAILEY" COMME ON EN FAISAIT À L'ARMÉE...
CARACTERISTIQUES
OH ! C'EST SIMPLE !
GÉNÉRAL FIFI, ON VA MESURER LA LARGEUR EXACTE DU RAVIN PENDANT QUE LA TROUPE APPORTE LES TRONCS !
OUI, GÉNÉRAL RIRI !
AVANCEZ DE SIX MÈTRES, GÉNÉRAL FIFI !
OUI, GÉNÉRAL RIRI !
À PRÉSENT, FAITES LE POINT SUR CE ROCHER ET DONNEZ-MOI L'ANGLE !
JE MESURE 49 DEGRÉS SUR MON COMPAS, GÉNÉRAL RIRI !
LÀ OÙ JE SUIS, L'ANGLE EST DE 90 DEGRÉS ! NOUS ALLONS CALCULER LA DISTANCE SUR LE PAPIER GRADUÉ !

VOILÀ ! ON N'A PLUS QU'À MESURER L'ESPACE ENTRE A ET LE ROCHER CARRÉ... SEPT MÈTRES !
ROCHER CARRÉ
RAVIN
90°
49°
A
6 MÈTRES
B
D'APRÈS NOS CALCULS, LE RAVIN FAIT SEPT MÈTRES DE LARGE !
IL FAUDRA DEUX GROS TRONCS COMME SUPPORTS PRINCIPAUX !
ILS NE FONT QU'EMPILER DES TRONCS ! ILS DEVRAIENT SE METTRE À LES ASSEMBLER AVANT QU'IL SOIT TROP TARD...
LES CASTORETTES ONT DÉJÀ CONSTRUIT LA MOITIÉ DE LEUR PONT !
LES ENFANTS NE SURVIVRONT PAS À UN ÉCHEC. JE DOIS LES AIDER À GAGNER...
JE VAIS PLANTER DEUX TRONCS DANS LE RAVIN POUR QU'ILS POSENT LES AUTRES DESSUS !
?
ARRÊTE, ONC'DONALD ! D'APRÈS LE RÈGLEMENT, LE RAVIN EST CENSÉ AVOIR PLUSIEURS CENTAINES DE MÈTRES DE PROFONDEUR !
EH BIEN, SUPPOSEZ QUE CES TRONCS FONT PLUSIEURS CENTAINES DE MÈTRES DE LONG !
5
QUE SE PASSE-T-IL ?... JE SUIS PRIS DANS DES SABLES MOUVANTS !

AU SECOURS ! JE M'ENFONCE !
ARRÊTEZ LE TRAVAIL ET SERREZ LES RANGS ! C'EST POUR UN SAUVETAGE !
TARA TA-RA TA-RA
HÉ, HÉ HÉ ! N'ARRÊTEZ PAS, LES FILLES ! CONTINUEZ À CONSTRUIRE VOTRE PONT !
DANS LE MANUEL DES CASTORS JUNIORS, ILS DISENT QU'IL FAUT LUI PASSER UNE CORDE SOUS LE BRAS !
ENSUITE, ON TIRE LENTEMENT POUR NE PAS DÉFORMER LA VICTIME !
HÉ, HÉ, HÉ ! PENDANT QU'ILS TIRENT LENTEMENT, NOUS TRAVAILLONS VITE... ATTACHEZ LES TRONCS, LES FILLES !
PARDON, LES ENFANTS, JE VOUS AI FAIT PERDRE DE PRÉCIEUSES MINUTES.
6
AU TRAVAIL, LA TROUPE !
GÉNÉRAL LOULOU, IL FAUT ENTAILLER LES TRONCS PRINCIPAUX.

ET LE RÈGLEMENT INTERDIT L'USAGE D'OUTILS EN ACIER.
PONK
VOILÀ UN TRAVAIL POUR MOI ! AINSI, ILS REGAGNERONT LES MINUTES QUE JE LEUR AI FAIT PERDRE !
PONK!
PONK!
LAISSEZ-MOI TAPER AVEC CE GROS CAILLOU !
ARK ! CE N'EST PAS UN CAILLOU, C'EST UNE TORTUE !
SQUIICH ! OUAÏE ! PFOUF ! OURGF !
STOP ! NOUS AVONS UN AUTRE SAUVETAGE À EFFECTUER !
D'APRÈS LE MANUEL, IL N'Y A QU'UN MOYEN POUR FAIRE LÂCHER PRISE À UNE TORTUE. CE SERA TRÈS INCONFORTABLE POUR TOI, ONC'DONALD !
IL FAUT METTRE LA TORTUE SUR LE DOS...
7
PUIS RETIRER TOUT LE POIDS POUR SOULAGER SON BEC.

HÉ, HÉ, HÉ ! CONSTRUISEZ, LES FILLES, CONSTRUISEZ ! LES CASTORS SONT IMMOBILISÉS TANT QUE CETTE TORTUE S'ACCROCHE !
ET SI ELLE TIENT ENCORE DEUX MINUTES, NOUS AURONS GAGNÉ LE CONCOURS !
MAIS COMME TOUJOURS, LE MANUEL A RAISON. LA TORTUE LÂCHE PRISE RAPIDEMENT.
ON RETOURNE AU PONT ! VITE !
ON N'A PLUS LE TEMPS DE FAIRE UN BEAU PONT. CONSTRUISONS CELUI DE LA SECTION 4 DU MANUEL !
LE "PONT DE LA DERNIÈRE CHANCE" !
POUR SAUVER LES GENS QUAND UN BARRAGE SE ROMPT !
TA-RA TA-RA TA-RA !!
CHAQUE CASTOR SAIT CE QU'IL A À FAIRE ?
OUI, GÉNÉRAL LOULOU ! DONNEZ LES ORDRES !
HÉ HÉ HÉ ! ILS TENTENT UNE ACTION DÉSESPÉRÉE, MAIS C'EST TROP TARD ! DANS UNE MINUTE, NOUS AURONS FINI !
UNE, DEUX ! SUSPENDEZ LE TRONC DE SOUTIEN !
THUD
8

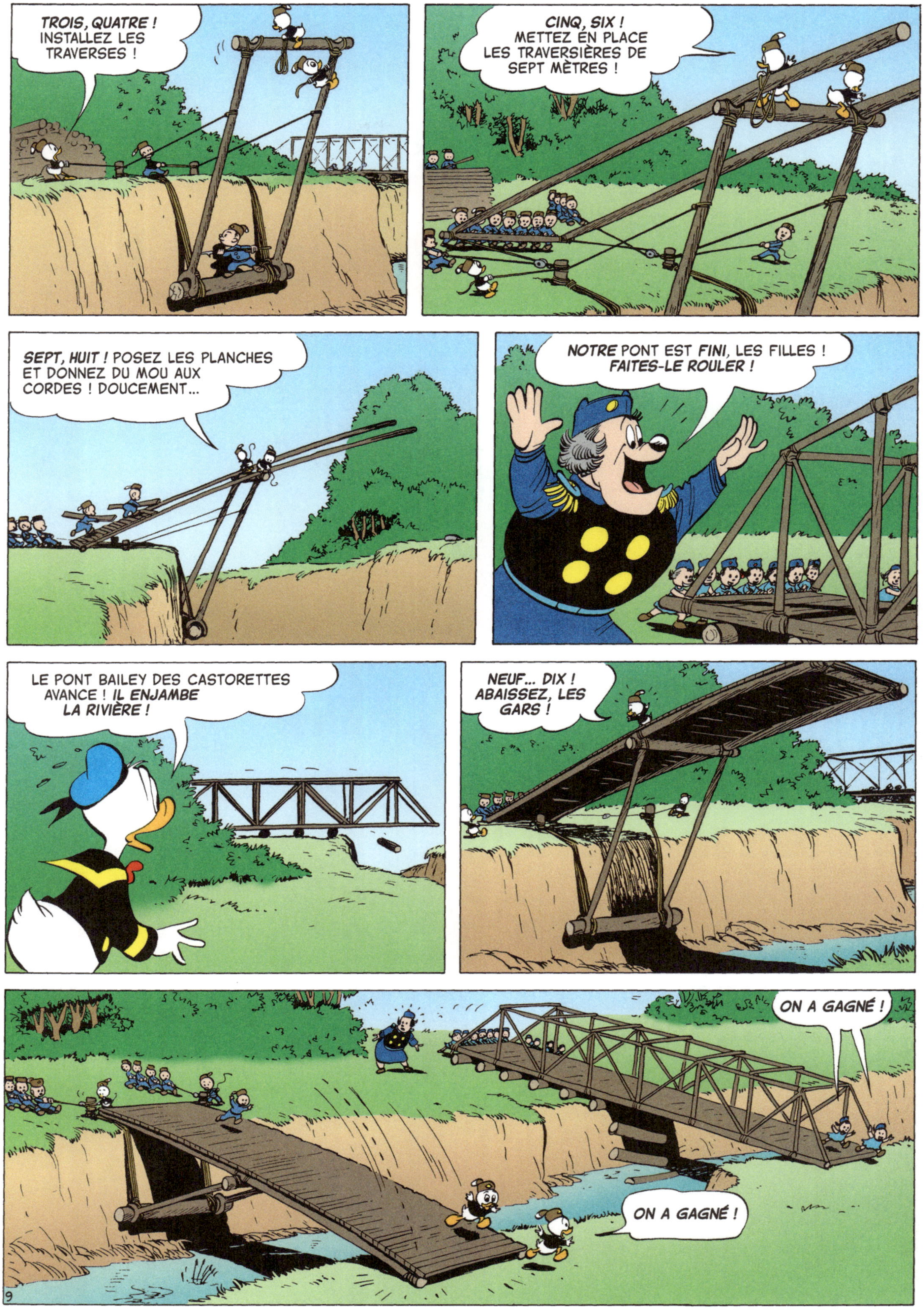
TROIS, QUATRE ! INSTALLEZ LES TRAVERSES !
CINQ, SIX ! METTEZ EN PLACE LES TRAVERSIÈRES DE SEPT MÈTRES !
SEPT, HUIT ! POSEZ LES PLANCHES ET DONNEZ DU MOU AUX CORDES ! DOUCEMENT...
NOTRE PONT EST FINI, LES FILLES ! FAITES-LE ROULER !
LE PONT BAILEY DES CASTORETTES AVANCE ! IL ENJAMBE LA RIVIÈRE !
NEUF... DIX ! ABAISSEZ, LES GARS !
ON A GAGNÉ !
ON A GAGNÉ !
9

VOUS N'AVEZ PAS GAGNÉ ! ON A GAGNÉ !
ÇA NE VA PAS LA TÊTE ? ON A GAGNÉ !
DU CALME ! PERSONNE N'A GAGNÉ ! VOUS ÊTES À ÉGALITÉ !
JE SUIS ENVOYÉ COMME OBSERVATEUR PAR LE BUREAU MONDIAL DES CASTORS JUNIORS ! JE FÉLICITE LA TROUPE DE DONALDVILLE POUR SES CAPACITÉS !
ET JE PRÉSENTE CE KILO DE MÉDAILLES AUX GÉNÉRAUX RIRI, FIFI ET LOULOU DUCK, EN LES NOMMANT SUPRÊMES MAÎTRES FRANCHISSEURS DE GOUFFRES SANS FOND !
TA-RA RARA
PLUS TARD...
MAZETTE ! VOUS AVEZ VU LE GRADE DE L'OBSERVATEUR ?
OUI ! C'ÉTAIT UN A.I.D.E.S.S.I. !
À QUOI CORRESPONDENT CES LETTRES ?
AMIRAL INTERNATIONAL À DOUZE ETOILES ET VICE-RÉCEPTACLE DE LA SOURCE DU SAVOIR INÉPUISABLE !
10
TOUS CES TITRES ! ÇA DONNE L'IMPRESSION À UN PAUVRE GARS COMME MOI DE N'ÊTRE VRAIMENT RIEN DU TOUT !
FIN

Digne d'un don !

Première publication : février 1959

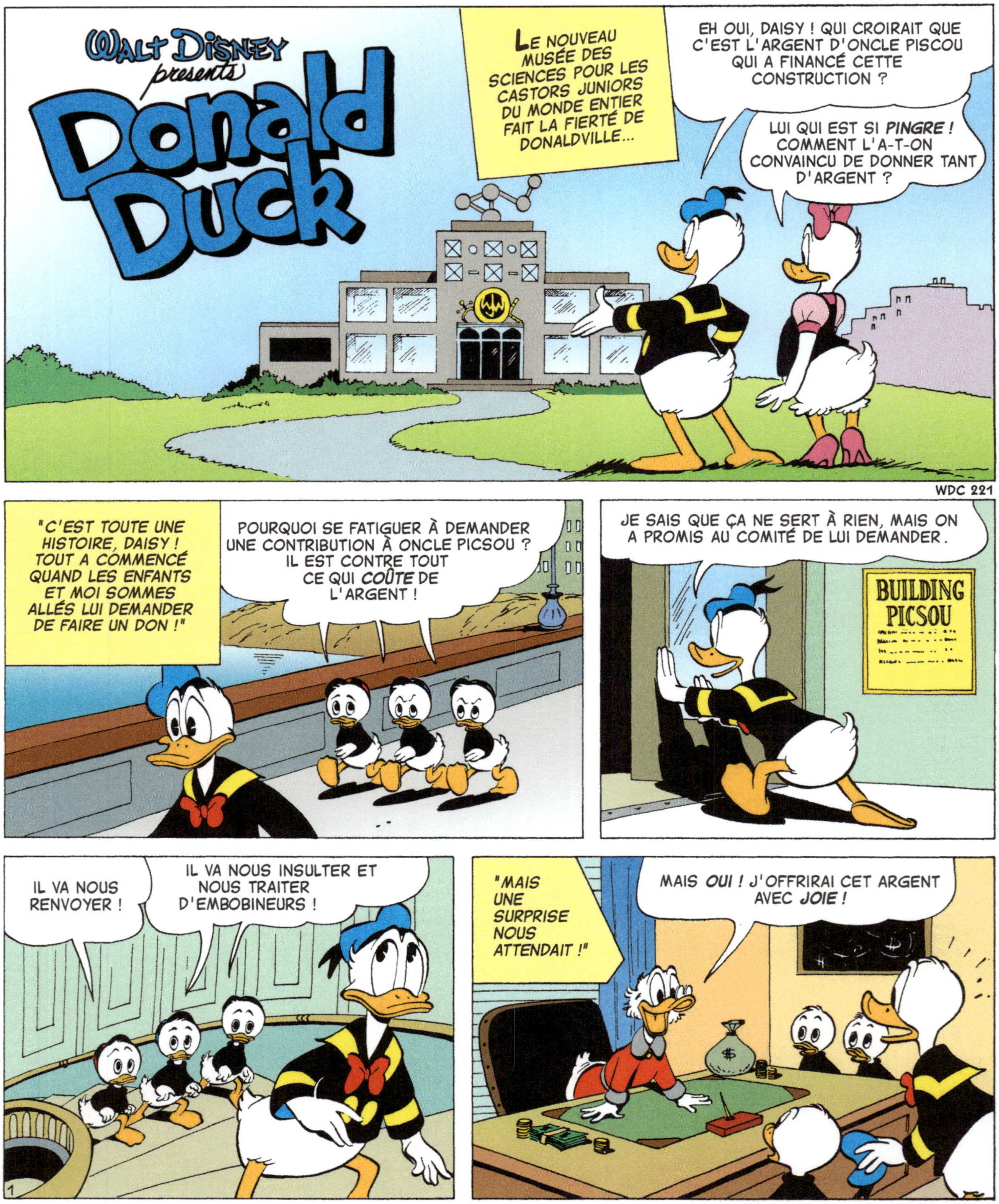
WALT DISNEY presents
Donald Duck
LE NOUVEAU MUSÉE DES SCIENCES POUR LES CASTORS JUNIORS DU MONDE ENTIER FAIT LA FIERTÉ DE DONALDVILLE...
EH OUI, DAISY ! QUI CROIRAIT QUE C'EST L'ARGENT D'ONCLE PISCOU QUI A FINANCÉ CETTE CONSTRUCTION ?
LUI QUI EST SI *PINGRE !* COMMENT L'A-T-ON CONVAINCU DE DONNER TANT D'ARGENT ?
WDC 221
"C'EST TOUTE UNE HISTOIRE, DAISY ! TOUT A COMMENCÉ QUAND LES ENFANTS ET MOI SOMMES ALLÉS LUI DEMANDER DE FAIRE UN DON !"
POURQUOI SE FATIGUER À DEMANDER UNE CONTRIBUTION À ONCLE PICSOU ? IL EST CONTRE TOUT CE QUI *COÛTE* DE L'ARGENT !
JE SAIS QUE ÇA NE SERT À RIEN, MAIS ON A PROMIS AU COMITÉ DE LUI DEMANDER.
BUILDING PICSOU
IL VA NOUS RENVOYER !
IL VA NOUS INSULTER ET NOUS TRAITER D'EMBOBINEURS !
"MAIS UNE SURPRISE NOUS ATTENDAIT !"
MAIS *OUI !* J'OFFRIRAI CET ARGENT AVEC *JOIE !*

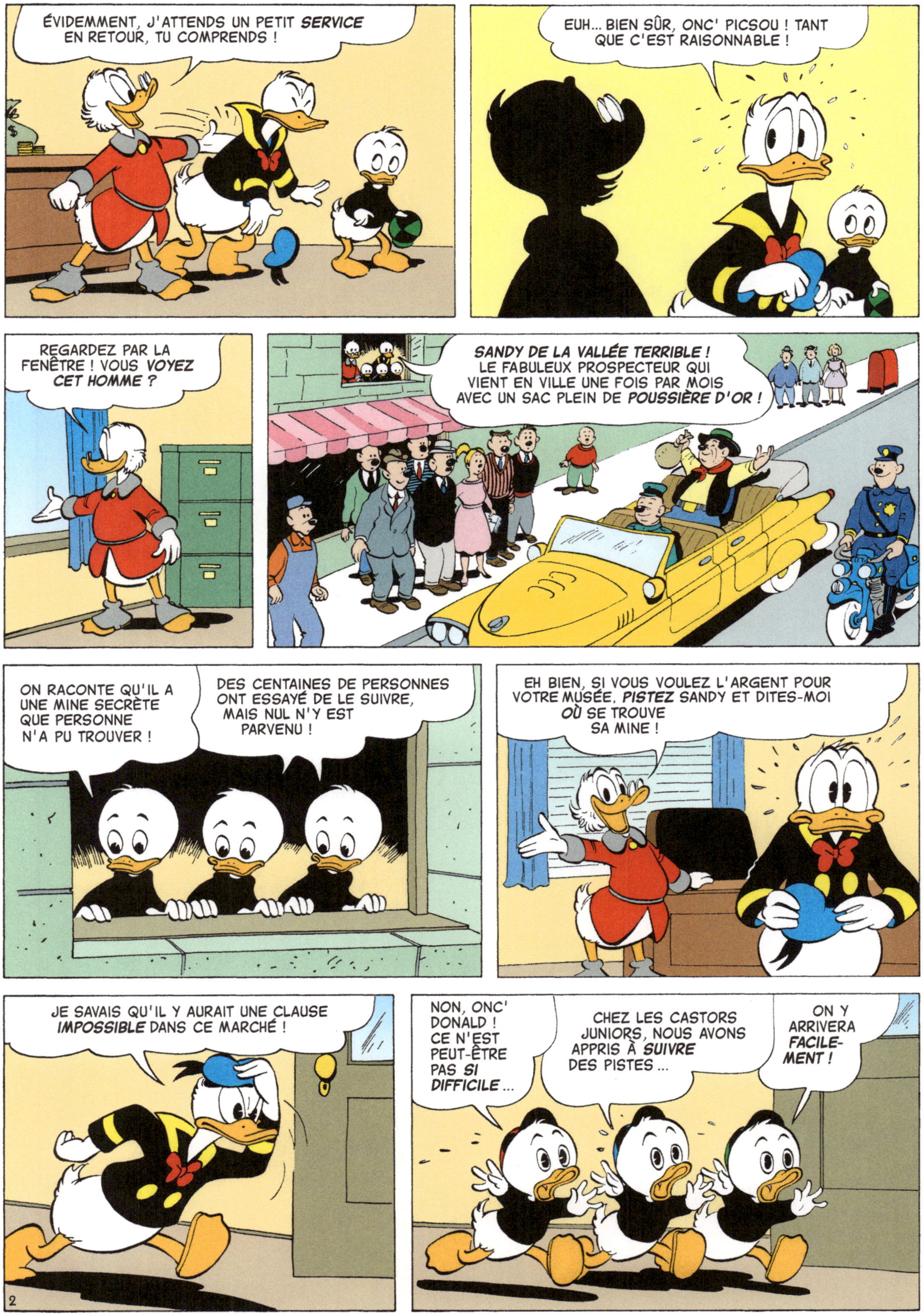

ÉVIDEMMENT, J'ATTENDS UN PETIT SERVICE EN RETOUR, TU COMPRENDS !
EUH... BIEN SÛR, ONC' PICSOU ! TANT QUE C'EST RAISONNABLE !
REGARDEZ PAR LA FENÊTRE ! VOUS VOYEZ CET HOMME ?
SANDY DE LA VALLÉE TERRIBLE ! LE FABULEUX PROSPECTEUR QUI VIENT EN VILLE UNE FOIS PAR MOIS AVEC UN SAC PLEIN DE POUSSIÈRE D'OR !
ON RACONTE QU'IL A UNE MINE SECRÈTE QUE PERSONNE N'A PU TROUVER !
DES CENTAINES DE PERSONNES ONT ESSAYÉ DE LE SUIVRE, MAIS NUL N'Y EST PARVENU !
EH BIEN, SI VOUS VOULEZ L'ARGENT POUR VOTRE MUSÉE, PISTEZ SANDY ET DITES-MOI OÙ SE TROUVE SA MINE !
JE SAVAIS QU'IL Y AURAIT UNE CLAUSE IMPOSSIBLE DANS CE MARCHÉ !
2
NON, ONC' DONALD ! CE N'EST PEUT-ÊTRE PAS SI DIFFICILE ...
CHEZ LES CASTORS JUNIORS, NOUS AVONS APPRIS À SUIVRE DES PISTES ...
ON Y ARRIVERA FACILEMENT !

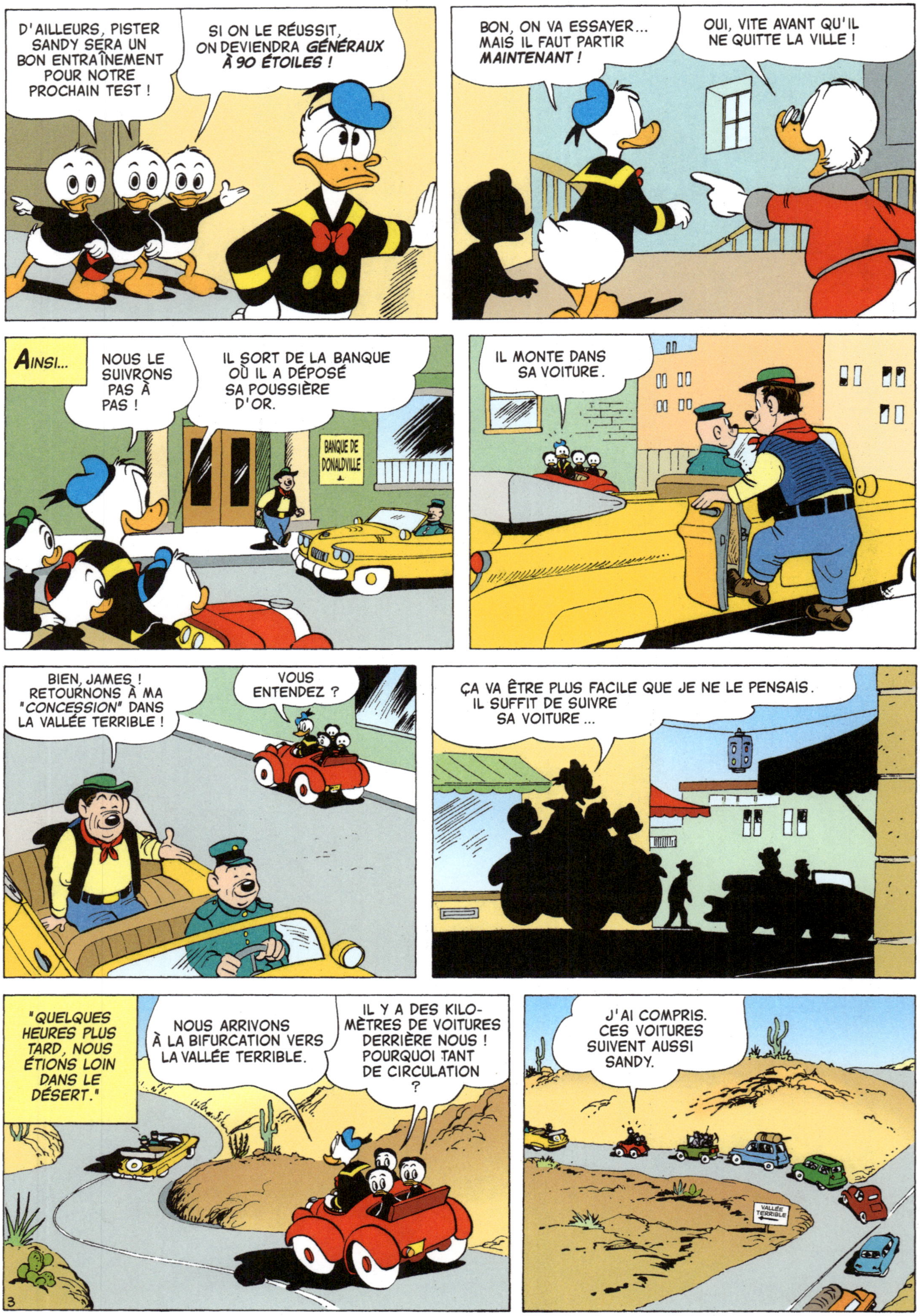
D'AILLEURS, PISTER SANDY SERA UN BON ENTRAÎNEMENT POUR NOTRE PROCHAIN TEST !
SI ON LE RÉUSSIT, ON DEVIENDRA *GÉNÉRAUX À 90 ÉTOILES !*
BON, ON VA ESSAYER... MAIS IL FAUT PARTIR *MAINTENANT !*
OUI, VITE AVANT QU'IL NE QUITTE LA VILLE !
AINSI...
NOUS LE SUIVRONS PAS À PAS !
IL SORT DE LA BANQUE OÙ IL A DÉPOSÉ SA POUSSIÈRE D'OR.
BANQUE DE DONALDVILLE
IL MONTE DANS SA VOITURE.
BIEN, JAMES ! RETOURNONS À MA "CONCESSION" DANS LA VALLÉE TERRIBLE !
VOUS ENTENDEZ ?
ÇA VA ÊTRE PLUS FACILE QUE JE NE LE PENSAIS. IL SUFFIT DE SUIVRE SA VOITURE ...
"QUELQUES HEURES PLUS TARD, NOUS ÉTIONS LOIN DANS LE DÉSERT."
NOUS ARRIVONS À LA BIFURCATION VERS LA VALLÉE TERRIBLE.
IL Y A DES KILOMÈTRES DE VOITURES DERRIÈRE NOUS ! POURQUOI TANT DE CIRCULATION ?
J'AI COMPRIS. CES VOITURES SUIVENT AUSSI SANDY.
VALLÉE TERRIBLE

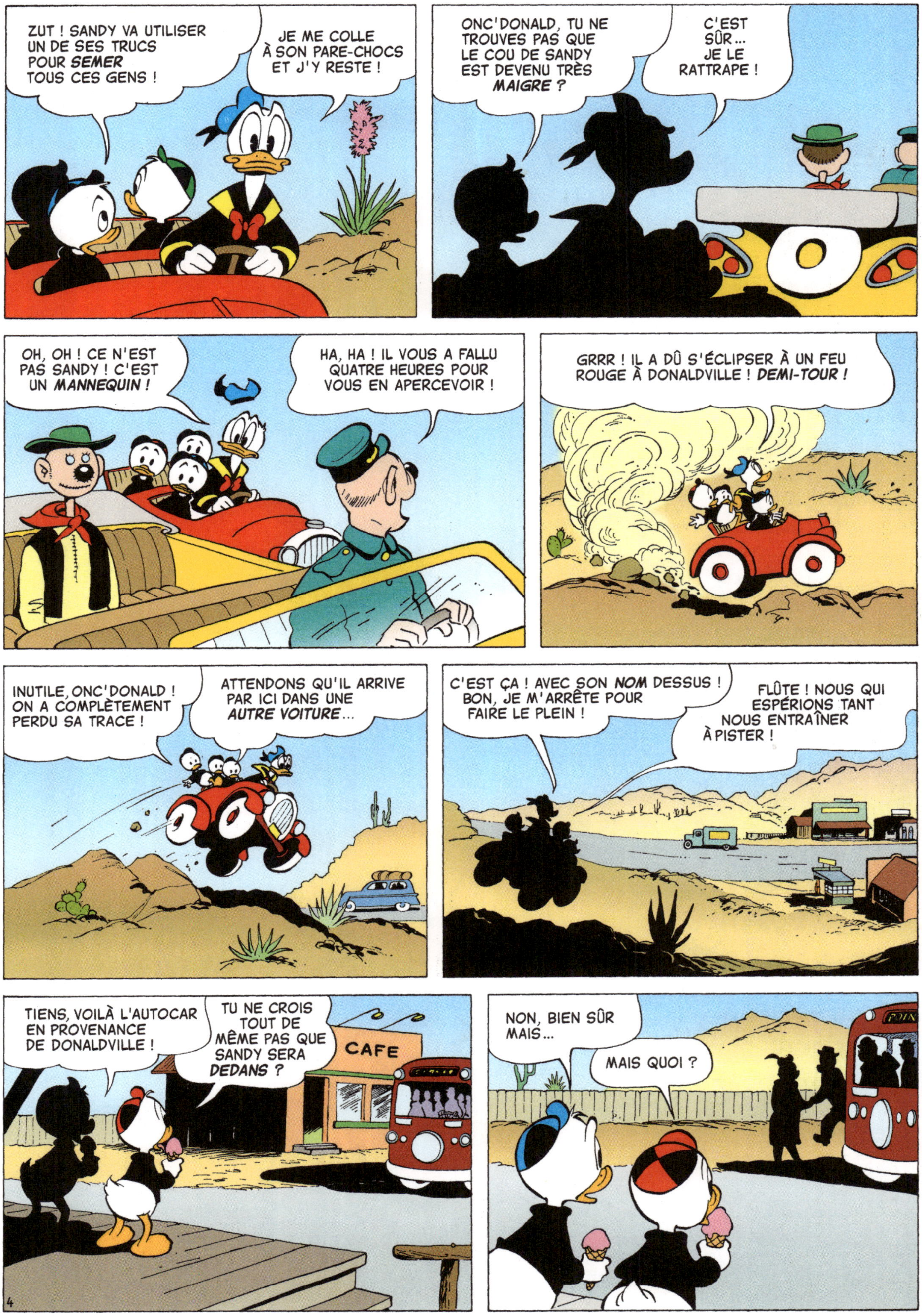
ZUT ! SANDY VA UTILISER UN DE SES TRUCS POUR SEMER TOUS CES GENS !
JE ME COLLE À SON PARE-CHOCS ET J'Y RESTE !
ONC'DONALD, TU NE TROUVES PAS QUE LE COU DE SANDY EST DEVENU TRÈS MAIGRE ?
C'EST SÛR... JE LE RATTRAPE !
OH, OH ! CE N'EST PAS SANDY ! C'EST UN MANNEQUIN !
HA, HA ! IL VOUS A FALLU QUATRE HEURES POUR VOUS EN APERCEVOIR !
GRRR ! IL A DÛ S'ÉCLIPSER À UN FEU ROUGE À DONALDVILLE ! DEMI-TOUR !
INUTILE, ONC'DONALD ! ON A COMPLÈTEMENT PERDU SA TRACE !
ATTENDONS QU'IL ARRIVE PAR ICI DANS UNE AUTRE VOITURE...
C'EST ÇA ! AVEC SON NOM DESSUS ! BON, JE M'ARRÊTE POUR FAIRE LE PLEIN !
FLÛTE ! NOUS QUI ESPÉRIONS TANT NOUS ENTRAÎNER À PISTER !
TIENS, VOILÀ L'AUTOCAR EN PROVENANCE DE DONALDVILLE !
TU NE CROIS TOUT DE MÊME PAS QUE SANDY SERA DEDANS ?
CAFE
4
NON, BIEN SÛR MAIS...
MAIS QUOI ?

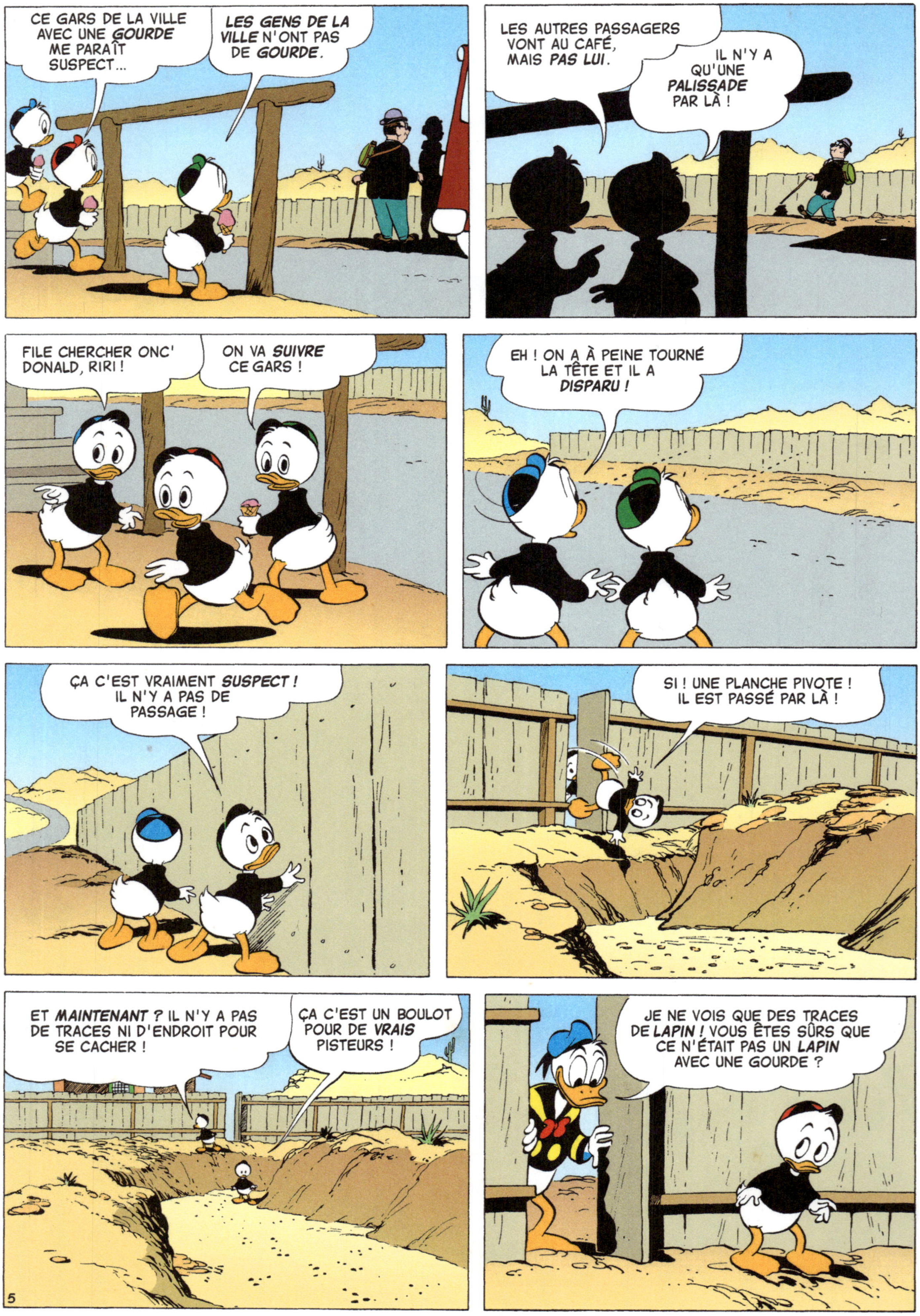
CE GARS DE LA VILLE AVEC UNE GOURDE ME PARAÎT SUSPECT...
LES GENS DE LA VILLE N'ONT PAS DE GOURDE.
LES AUTRES PASSAGERS VONT AU CAFÉ, MAIS PAS LUI.
IL N'Y A QU'UNE PALISSADE PAR LÀ !
FILE CHERCHER ONC' DONALD, RIRI !
ON VA SUIVRE CE GARS !
EH ! ON A À PEINE TOURNÉ LA TÊTE ET IL A DISPARU !
ÇA C'EST VRAIMENT SUSPECT ! IL N'Y A PAS DE PASSAGE !
SI ! UNE PLANCHE PIVOTE ! IL EST PASSÉ PAR LÀ !
ET MAINTENANT ? IL N'Y A PAS DE TRACES NI D'ENDROIT POUR SE CACHER !
ÇA C'EST UN BOULOT POUR DE VRAIS PISTEURS !
JE NE VOIS QUE DES TRACES DE LAPIN ! VOUS ÊTES SÛRS QUE CE N'ÉTAIT PAS UN LAPIN AVEC UNE GOURDE ?

CE GARS POURRAIT ÊTRE SANDY DÉGUISÉ.
IL FAUT LE SUIVRE !
IL N'A PU PASSER QUE PAR CE VALLON ! SINON ON L'AURAIT VU !
MAIS IL N'Y A PAS D'EMPREINTES DANS LA POUSSIÈRE !
MÊME SANDY LAISSERAIT DES EMPREINTES ! RENTRONS À DONALDVILLE !
EEH !
VOILÀ DES EMPREINTES SUSPECTES ! CE LAPIN-LÀ A TROP D'ORTEILS !
C'EST NOTRE GARS ! C'EST LUI QUI LAISSE CES EMPREINTES !
ALLONS CHERCHER DES GOURDES ET JOUONS LES LIMIERS !
CE QU'IL FAUT ENTENDRE !
COMMENT UN ADULTE PEUT-IL LAISSER DES TRACES DE LAPIN ?
MYSTÈRE ! MAIS SI ON LE DÉCOUVRE, ON DEVIENDRA GÉNÉRAUX À 90 ÉTOILES SANS PROBLÈME !
LOIN DEVANT...
MILLE LAPINS ! CES GAMINS ONT RETROUVÉ MA TRACE !
6
MAUVAIS, ÇA ! JE DOIS CONTINUER EN CHAUSSETTES JUSQU'AU PROCHAIN POINT DE CHANGEMENT !

HEUREUSEMENT, CE N'EST PAS LOIN ! MES PIEDS NE TIENDRAIENT PAS LE COUP.
MAIS TOUT VA S'ARRANGER. JE DÉFIE QUICONQUE DE ME RETROUVER MAINTENANT !
EN PLUS, JE SERAI DÉGUISÉ. MÊME LES ÂNES SAUVAGES S'Y TROMPERONT !
JE SERAI SUR MOZART, MON ÂNE PAS SI SAUVAGE !
FLÛTE ! LES TRACES DE LAPIN S'ARRÊTENT SUR CES ROCHERS. IL N'Y A RIEN APRÈS !
ET RIEN EN VUE !
UNE ARMÉE TRAVERSERAIT CE PAYSAGE TOURMENTÉ SANS ÊTRE VUE !
DÉCRIVEZ DES CERCLES ! ON FINIRA BIEN PAR TROUVER UNE PISTE SUSPECTE !
DES TRACES DE CANARD LAISSÉES PAR UN LAPIN, JE SUPPOSE ?
PEU APRÈS...
EH ! VOILÀ UNE TRACE D'ÂNE QUI DIFFÈRE DES AUTRES !
EN EFFET... MAIS ELLE VA DU MAUVAIS CÔTÉ !
7

LES TRACES RETOURNENT VERS LA NATIONALE !
QU'ONT-ELLES DE DIFFÉRENT ? L'ÂNE PORTAIT DES BASKETS ?
J'AI COMPRIS ! L'ÂNE MARCHAIT EN ARRIÈRE !
SÛREMENT ! LES EMPREINTES SONT PLUS PROFONDES DU CÔTÉ DU TALON !
ÇA SIGNIFIE QU'IL ALLAIT PAR LÀ ! PAS PAR LÀ !
AUCUN ÂNE NE MARCHE EN ARRIÈRE DE SON PLEIN GRÉ !
JE CHERCHE UN LAPIN QUI LAISSE DES TRACES DE CANARD !
SUIVONS CET ÂNE ! IL TRANSPORTE NOTRE HOMME !
QUEL HOMME ? MOI J'AI PERDU LE FIL !
CES GAMINS ! MÊME MA MEILLEURE ASTUCE NE LES A PAS SEMÉS !
JE RETIRE TES CHAUSSURES INVERSÉES, MOZART ! IL VA FALLOIR COMPTER SUR MON DÉGUISEMENT !
BUENAS TARDES SEÑORES ! VOUS AUSSI, VOUS CHERCHEZ LA MINE DE SANDY ?
OUI, SANDY ! COMMENT ÇA VA ?
8
SANDY ? VOUS PLAISANTEZ, SEÑORES ! COMMENT POURRAIS-JE ÊTRE SANDY ?
VOUS AVEZ OUBLIÉ DE CHANGER DE CHAUSSURES ! VOUS PORTIEZ LES MÊMES À LA BANQUE DE DONALDVILLE !

QUE JE SOIS PENDU ! TROIS GAMINS ONT RÉUSSI À *ME* PISTER ! *MOI*, LE SANDY DE LA VALLÉE TERRIBLE !
NOUS SOMMES DES *CASTORS JUNIORS*, MONSIEUR !
AH BON ? PAS ÉTONNANT ALORS !
NOUS NOUS ENTRAÎNONS POUR NOS TESTS DE PISTAGE QUI AURONT LIEU LA SEMAINE PROCHAINE !
ALORS VOUS AVEZ *RÉUSSI*, JEUNES GENS ! JE SUIS L'O.S.Q.E.I.* QUI JUGE CES TESTS !
VOUS ? VOUS ÊTES *OFFICIER* CHEZ LES CASTORS JUNIORS ?!
*OMNIPOTENT SUPERVISEUR DE LA QUÊTE DE L'EXCELLENCE INSURPASSABLE.
OUI ! ET MAINTENANT, **POURQUOI** VOUS ESSAYIEZ DE TROUVER MA MINE ?
JE LAISSE LA PAROLE AUX *GÉNÉRAUX À 90 ÉTOILES !*
ON LE FAISAIT POUR NOTRE ONCLE PICSOU !
IL A DIT QU'IL CONSTRUIRAIT LE MUSÉE DES SCIENCES DES CASTORS SI ON RETROUVAIT VOTRE MINE !
VRAIMENT ? LE BUT EST NOBLE ! JE ME DOIS DE VOUS Y CONDUIRE !
"ON A EU UNE SACRÉE SURPRISE !"
SUIVEZ-MOI ! J'AI UNE VOITURE CACHÉE !
9
QUATRE HEURES PLUS TARD...
MAIS... ON REVIENT À DONALDVILLE !

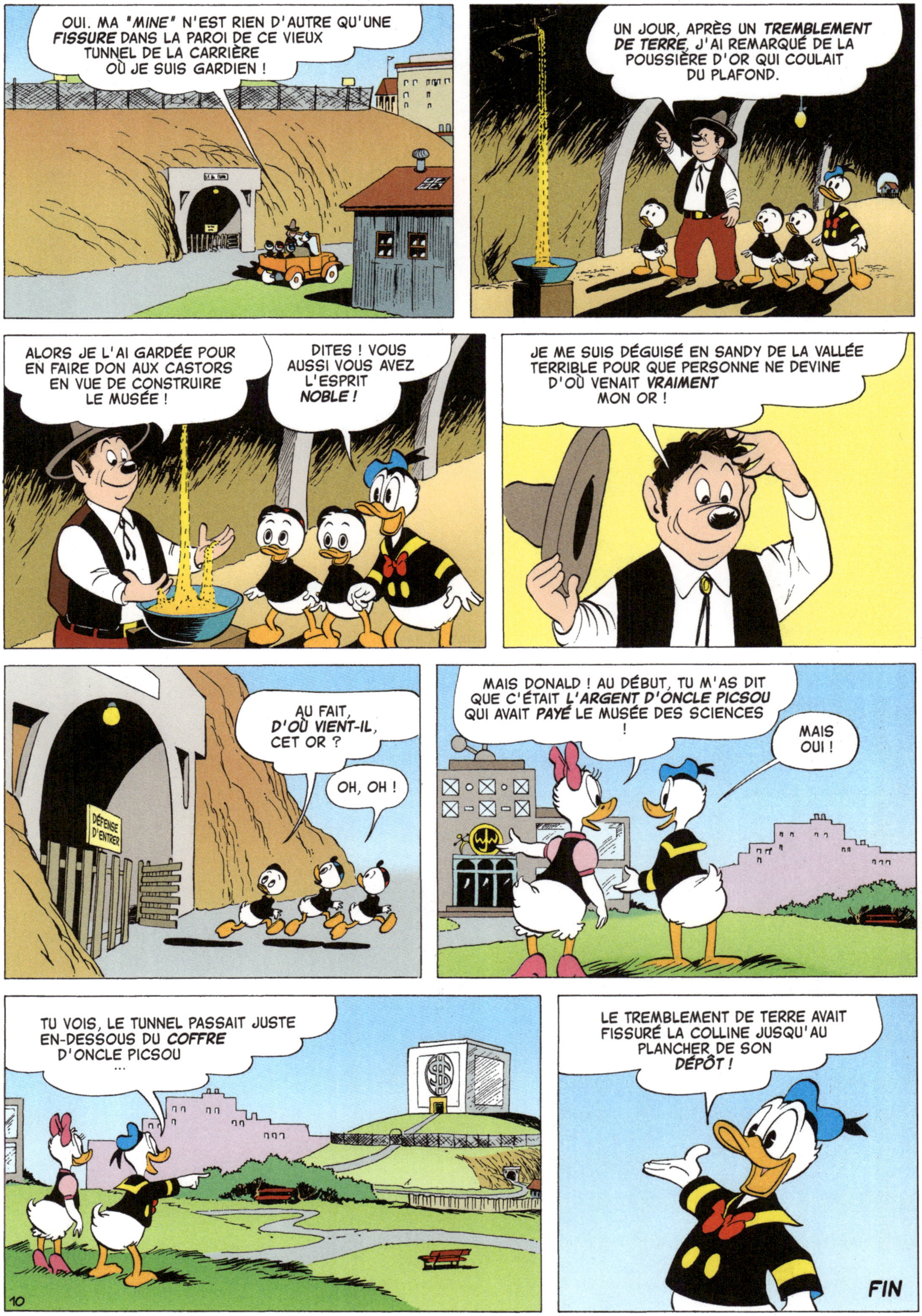
OUI. MA "MINE" N'EST RIEN D'AUTRE QU'UNE FISSURE DANS LA PAROI DE CE VIEUX TUNNEL DE LA CARRIÈRE OÙ JE SUIS GARDIEN !
UN JOUR, APRÈS UN TREMBLEMENT DE TERRE, J'AI REMARQUÉ DE LA POUSSIÈRE D'OR QUI COULAIT DU PLAFOND.
ALORS JE L'AI GARDÉE POUR EN FAIRE DON AUX CASTORS EN VUE DE CONSTRUIRE LE MUSÉE !
DITES ! VOUS AUSSI VOUS AVEZ L'ESPRIT NOBLE !
JE ME SUIS DÉGUISÉ EN SANDY DE LA VALLÉE TERRIBLE POUR QUE PERSONNE NE DEVINE D'OÙ VENAIT VRAIMENT MON OR !
DÉFENSE D'ENTRER
AU FAIT, D'OÙ VIENT-IL, CET OR ?
OH, OH !
MAIS DONALD ! AU DÉBUT, TU M'AS DIT QUE C'ÉTAIT L'ARGENT D'ONCLE PICSOU QUI AVAIT PAYÉ LE MUSÉE DES SCIENCES !
MAIS OUI !
TU VOIS, LE TUNNEL PASSAIT JUSTE EN-DESSOUS DU COFFRE D'ONCLE PICSOU ...
10
LE TREMBLEMENT DE TERRE AVAIT FISSURÉ LA COLLINE JUSQU'AU PLANCHER DE SON DÉPÔT !
FIN

Le grand prix des Castors

Première publication : août 1959

WALT DISNEY presents
Donald Duck
ONC'DONALD, AIMERAIS-TU GAGNER UN *PRIX* ?
SI J'AIMERAIS ? IL Y A LONGTEMPS QUE JE N'EN AI PAS GAGNÉ !
WDC 227
LES CASTORS JUNIORS CHERCHENT QUELQU'UN QUI SE CACHERAIT DANS LA FORÊT ET FERAIT COMME S'IL ÉTAIT *PERDU* !
SI ON NE ME RETROUVE PAS, J'AURAIS GAGNÉ, C'EST BIEN ÇA ?
OUI... *SI* LES CASTORS JUNIORS NE TE RETROUVENT PAS AVANT LE COUCHER DU SOLEIL !
ÇA M'A L'AIR D'UNE SIMPLICITÉ ENFANTINE.
QUE TU CROIS ! TOUS LES CASTORS JUNIORS PARTIRONT À TA RECHERCHE.
LES ENFANTS, JE VAIS SI BIEN ME *PERDRE* QUE VOS COPAINS ET LEURS *LIMIERS* NE POURRONT PAS ME RETROUVER !
1
LES CASTORS JUNIORS N'UTILISENT PAS DE CHIENS POUR RETROUVER LES GENS ÉGARÉS.
SEULE NOTRE ADRESSE SUFFIT !
J'UTILISERAI LA MIENNE AUSSI POUR ME *CACHER* ! VOUS ALLEZ PERDRE CE PRIX !

À L'EXTÉRIEUR DE DONALDVILLE S'ÉTEND LA LUGUBRE FORÊT NOIRE. DONALD S'APPRÊTE À S'Y ENFONCER, AFIN DE S'Y "PERDRE"...
OK, LES CASTORS ! J'AI UNE HEURE POUR ME CACHER QUELQUE PART LÀ-DEDANS !
C'EST ÇA ! ET LES CASTORS JUNIORS DOIVENT T'AVOIR RETROUVÉ AU COUCHER DU SOLEIL !
PRÉPAREZ LE PRIX, LES ENFANTS ! JE SUIS SÛR DE GAGNER !
ON VERRA !
PERSONNE N'A JAMAIS GAGNÉ LE PRIX DES CASTORS JUNIORS !
PARCE QUE LES CASTORS JUNIORS ONT TOUJOURS RETROUVÉ LEUR HOMME !
HÉ ! HÉ ! HÉ ! J'AI UN PETIT PLAN POUR RIDICULISER CES JEUNES PRÉSOMPTUEUX !
ILS S'ATTENDENT À ME VOIR MARTELER LE SOL, COMME UN CHEVAL AU GALOP !
MAIS LE CHEMIN QUE J'EMPRUNTERAI NE LAISSERA AUCUNE TRACE ! HÉ ! HÉ !
AS-TU TOUT CE QUE JE T'AI DEMANDÉ, JOE ?
TOUT EST PRÊT, DONALD !
TÂCHONS DE REPÉRER UN VIEUX TRONC D'ARBRE POUR M'Y CACHER !
CES PAUVRES CASTORS JUNIORS VONT PASSER UN MAUVAIS APRÈS-MIDI, DONALD !
2

BIENTÔT...
CET ARBRE SERA PARFAIT, JO ! IL EST CREUX ET JE VERRAI À DES KILOMÈTRES !
AVANT DE DESCENDRE, ÉLIMINONS LES MOUFFETTES LES FOURMIS ET AUTRES INSECTES !
MAINTENANT, INSTALLONS CE COUSSIN MOELLEUX ET LISONS UN BON BOUQUIN JUSQU'AU CRÉPUSCULE !
PLUS TARD...
TARA TA-RA TA-RA
EN AVANT, CASTORS JUNIORS ! ALLONS AU "SECOURS" DE DONALD DUCK ! CE CANARD AUX PLUMES BLANCHES ET AU BEC JAUNE PORTE UNE VAREUSE DE MARIN, ETC.
TROUPE K, FOUILLEZ LES BOIS DU SUD AU NORD !
TROUPE G, RATISSEZ D'EST EN OUEST !
COMME ÇA, NOUS QUADRILLERONS LA FORÊT !
PAS UNE SEULE CRÉATURE VIVANTE NE S'ÉCHAPPERA SANS ÊTRE VU PAR L'UN D'ENTRE NOUS !
BIZARRE. PAS UNE SEULE EMPREINTE DE PAS, GÉNÉRAL RIRI.
ONCLE DONALD A DÛ ENTRER DANS LES BOIS EN SE SERVANT DES LIANES !
3
LES TROMPETTES DES CASTORS JUNIORS ! SERAIENT-ILS INQUIETS ?
TA-RA TA-RA TA-TAAA !
TA-RA RA-RA TA-TAAA

ONCLE DONALD N'A PAS FRANCHI CE RUISSEAU, SINON SES TRACES SERAIENT VISIBLES DANS LA VASE.
IL N'EST PAS PASSÉ D'UN ARBRE À L'AUTRE ! DES BRANCHES SERAIENT CASSÉES !
DEMANDONS AU QG SI D'AUTRES TROUPES ONT UNE PISTE !
OUI, GÉNÉRAL FIFI. J'ENVOIE UN MESSAGE.
!
HÉ ! HÉ ! HÉ ! COMMENT LES CASTORS JUNIORS ENVOIENT-ILS DES MESSAGES ? UTILISENT-ILS DES... DRAPEAUX ?
OUAC ?
DES SIGNAUX DE FUMÉE ! NOM D'UN CHEVAL !
(CÔF, CÔF !) POURVU QUE LE MESSAGE SOIT BREF, OU JE VAIS FINIR FUMÉ COMME UN SAUMON !
4
LE QG RÉPOND : "PAS DE CHANCE ! POURSUIVEZ LES RECHERCHES !"

JE CONSIDÈRE QUE J'AI DÉJÀ *GAGNÉ* CE PRIX.
OH, OH ! VOILÀ UNE AUTRE TROUPE DE CASTORS JUNIORS !
ZIP
TA-TA TA-TA
HALTE ! LE QG DEMANDE QUE NOUS LEUR RÉPONDIONS PAR UN MESSAGE *TAMBOURINÉ !*
BOMP BOMP BOMP BOMP
JE LEUR DIS QUE NOUS N'AVONS RIEN VU !
BOMP BOMP BOUMP BOUMP
BOMPT BOMP BOMP BOMP
IL PARAÎT QUE LE MESSAGE N'EST PAS ASSEZ FORT ! ILS NE L'ENTENDENT PAS !
BOMP BOMP BOUMP BOUMP
BAM BOM
5
CLITIKI CLANK
CLINK CLANK

LE QG DIT QU'IL FAUT EXPLORER CERTAINES CACHETTES... COMME LES **TRONCS CREUX** !
BOMPITY BOM BOMPITY BAM
IL NE **PEUT PAS** ÊTRE DANS CET ARBRE ! IL AURAIT ABÎMÉ L'ÉCORCE EN GRIMPANT, NON ?
LAISSE TOMBER ! NOUS DEVONS GRIMPER ET **VÉRIFIER** !
YIIIIK !
OUARGH !
J'AI TOUT JUSTE EU LE TEMPS D'ENFILER MON **MASQUE D'OURS** !
LA MOITIÉ DU TEMPS S'EST ÉCOULÉE, ET TOUJOURS PAS LA MOINDRE TRACE DE MONSIEUR DUCK !
L'HONNEUR DES CASTORS JUNIORS EST SÉRIEUSEMENT ENTAMÉ !
APPELEZ LE BATAILLON Z DE ZOIEVILLE ET LE SIXIÈME CONTINGENT DE CASTORS DE GADOUEBOURG !
NOUS ALLONS **RATISSER** LA FORÊT NOIRE !
CASTORS JUNIORS
FICHTRE ! LES CASTORS JUNIORS SONT **RÉELLEMENT** AUX ABOIS !
TA-RA TA-RA TA-RA TA-RA TA-RA TA-TA TA-RA
TA-RA RA-RA TA-RA
6
ILS CONVERGENT VERS MOI COMME UNE INVASION DE SAUTERELLES... RETOURNANT CHAQUE PIERRE ET CHAQUE FEUILLE !
TA-RA TA-RA
TA-RA TA-RA
TA-RA TA-RA
TA-RA TA-RA

MAIS CE SONT LES BÊTES DE LA FORÊT, LES OISEAUX ET LES INSECTES QUI ARRIVENT AVANT EUX !
INSPECTEZ CHAQUE TRONC D'ARBRE ! LES TRONCS D'ARBRES SONT LA CACHETTE PRÉFÉRÉE D'ONCLE DONALD !
MAIS, GÉNÉRAL RIRI, NOUS AVONS FOUILLÉ CHAQUE TRONC D'ARBRE !
ET MÊME CELUI-LÀ !
MEAOW
FZT !
SQUIIK
YIP !
YAP YAP
GROAWL !
ARF
GRUFF
À L'AIDE ! À L'AIDE !
YIK
GROAWL
ROARRF !
YAP
BAA
INUTILE DE CRIER ! CES ANIMAUX FONT TANT DE BRUIT QUE MES "SAUVETEURS" NE M'ENTENDENT PAS !

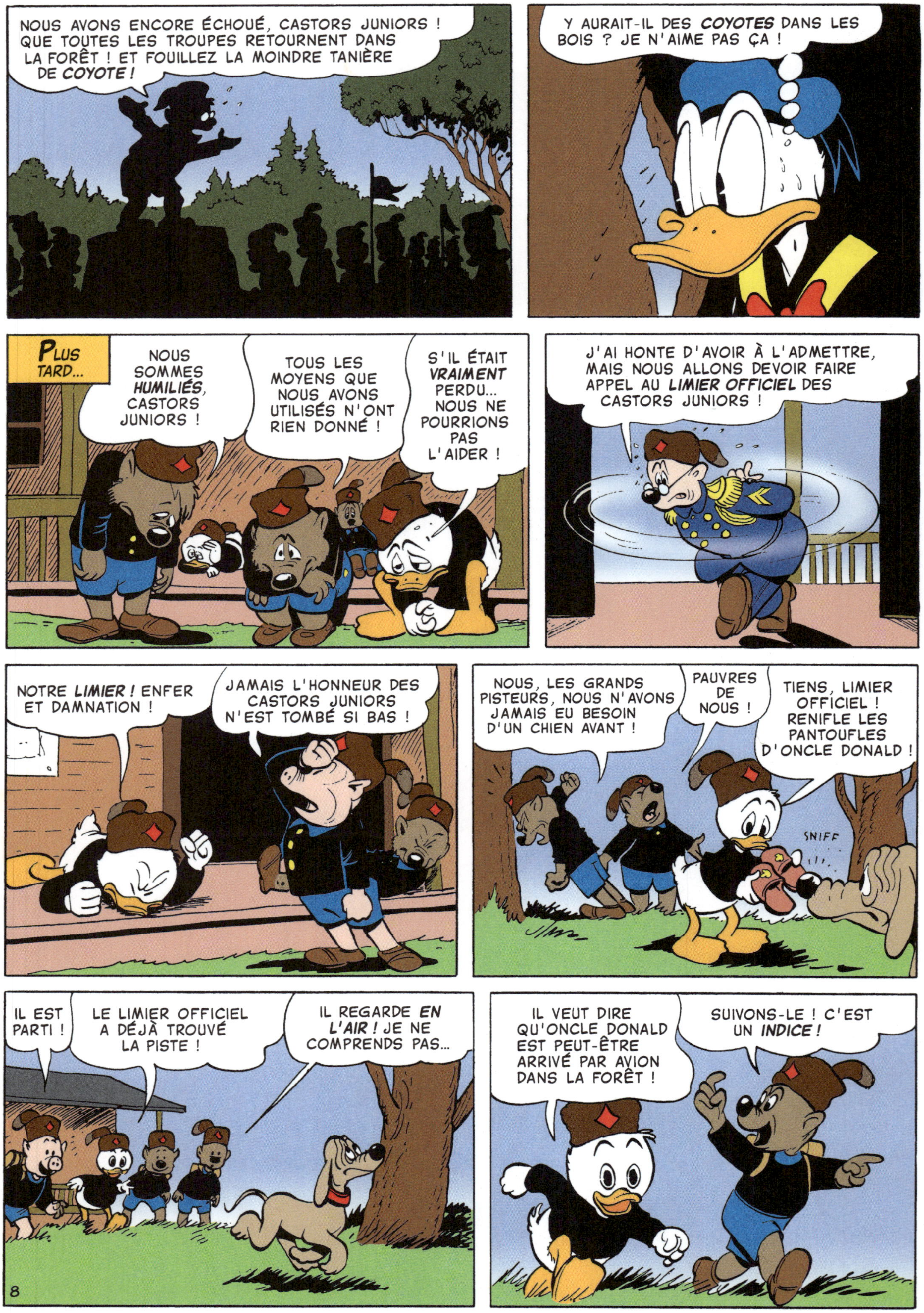
NOUS AVONS ENCORE ÉCHOUÉ, CASTORS JUNIORS ! QUE TOUTES LES TROUPES RETOURNENT DANS LA FORÊT ! ET FOUILLEZ LA MOINDRE TANIÈRE DE *COYOTE !*
Y AURAIT-IL DES *COYOTES* DANS LES BOIS ? JE N'AIME PAS ÇA !
PLUS TARD...
NOUS SOMMES *HUMILIÉS*, CASTORS JUNIORS !
TOUS LES MOYENS QUE NOUS AVONS UTILISÉS N'ONT RIEN DONNÉ !
S'IL ÉTAIT *VRAIMENT* PERDU... NOUS NE POURRIONS PAS L'AIDER !
J'AI HONTE D'AVOIR À L'ADMETTRE, MAIS NOUS ALLONS DEVOIR FAIRE APPEL AU *LIMIER OFFICIEL* DES CASTORS JUNIORS !
NOTRE *LIMIER !* ENFER ET DAMNATION !
JAMAIS L'HONNEUR DES CASTORS JUNIORS N'EST TOMBÉ SI BAS !
NOUS, LES GRANDS PISTEURS, NOUS N'AVONS JAMAIS EU BESOIN D'UN CHIEN AVANT !
PAUVRES DE NOUS !
TIENS, LIMIER OFFICIEL ! RENIFLE LES PANTOUFLES D'ONCLE DONALD !
SNIFF
IL EST PARTI !
LE LIMIER OFFICIEL A DÉJÀ TROUVÉ LA PISTE !
IL REGARDE *EN L'AIR !* JE NE COMPRENDS PAS...
8
IL VEUT DIRE QU'ONCLE DONALD EST PEUT-ÊTRE ARRIVÉ PAR AVION DANS LA FORÊT !
SUIVONS-LE ! C'EST UN *INDICE !*

OH, SEIGNEUR ! ENFIN... LES ANIMAUX SONT PARTIS. JE NE LES SUPPORTAIS PLUS.
LE SOLEIL VA BIENTÔT SE COUCHER... SI JE TIENS **QUELQUES MINUTES** DE PLUS, J'AURAIS **GAGNÉ !**
OUOU OUOU !
VOILÀ QU'ILS SE SERVENT D'UN **CHIEN !** JOE NE M'AURA PAS APPORTÉ TOUS CES **POILS DE CHAT** POUR RIEN !
OUOU OUOUO
HÉ ! HÉ ! HÉ ! J'AI ENTENDU DIRE QUE LE LIMIER OFFICIEL DES CASTORS JUNIORS ATTRAPAIT LE **RHUME DES FOINS** AVEC LES POILS DE CHAT !
OUOUO ! OUOU !
OUU OUO UWOU !
LE CHIEN ABOIE PLUS FORT ! ONCLE DONALD DOIT ÊTRE **TOUT PRÈS !**
AT-CHOU !
OH, OH !
PLUS QUE **DIX MINUTES** ET LE CHIEN EST HORS SERVICE !
TCHOU TCHH TCHOUF
9
BON, LE CHIEN SE DIRIGEAIT VERS CE TRONC D'ARBRE ! NOUS ALLONS **REGARDER** À L'INTÉRIEUR !
LA TROUPE K A DÉJÀ JETÉ UN COUP D'ŒIL, GÉNÉRAL RIRI !
!

ILS ONT DIT QU'IL N'Y AVAIT RIEN, EXCEPTÉ UN VIEIL OURS !
UN OURS ?!
C'EST PEUT-ÊTRE LUI QUI S'EST CHARGÉ D'ONCLE DONALD !
SONNEZ L'APPEL POUR LES SECOURS D'URGENCE !
TA-RA TA-RA
VOICI UN ESSAIM D'ABEILLES SAUVAGES. ELLES FERONT PEUT-ÊTRE SORTIR LE VIEIL OURS...
BZZ BZZ
EH, TOI ! LE KIDNAPPEUR DE CANARD ! SORS DE LÀ ET RENDS-NOUS NOTRE ONCLE DONALD !
!
AOUCH ! AÏE !
ONC' DONALD !
BZZZAZZ
ET AINSI...
TU N'AS PAS TOUT À FAIT TENU JUSQU'AU COUCHER DU SOLEIL, ONC'DONALD. MAIS NOUS AVONS VOTÉ ET NOUS T'ATTRIBUONS QUAND MÊME LE PRIX !
MAIS EST-CE QUE VOUS LE VOUDREZ MAINTENANT ?
BIEN SÛR QUE J'AIMERAIS AVOIR LE PRIX ! DE QUOI S'AGIT-IL ?
EUH !... 50 KILOS DE MIEL DES CASTORS JUNIORS ! DU MIEL D'ABEILLES SAUVAGES !
QG ! QUAND LES PREMIERS SOINS SUR LE LIMIER OFFICIEL SERONT TERMINÉS, ENVOYEZ-NOUS LE BRANCARD POUR ONCLE DONALD !
GLOUB !
FIN

Les Castors Juniors perdent le Nord !

Première publication : janvier 1960

WALT DISNEY presents
Donald Duck
NON ! NON ! PLUS JAMAIS ! LES ENFANTS ME SAUVERONT D'UN SORT AUSSI CRUEL !
DONALD DUCK
WDC 232
RIRI, FIFI, LOULOU, MES CHERS, NOBLES ET GÉNÉREUX NEVEUX !
PROPRIÉTÉ DES CASTORS JUNIORS
J'AI ÉTÉ PUNI PAR LE PRÉSIDENT DU CLUB DES VRAIS FAUCONS POUR AVOIR MANQUÉ UNE RÉUNION... JE DOIS ÉPLUCHER CINQ SACS DE PATATES POUR LE BANQUET DE CE SOIR.
PROPRIÉTÉ DES CASTORS JUNIORS
NOUS NE POUVONS PAS T'AIDER CETTE FOIS ! CET APRÈS-MIDI, NOUS PASSONS L'EXAMEN DE NAVIGATION !
PASSEZ-LE UNE AUTRE FOIS !
1
NON, OU CE SERAIT À NOUS D'ÉPLUCHER 20 SACS DE PATATES !

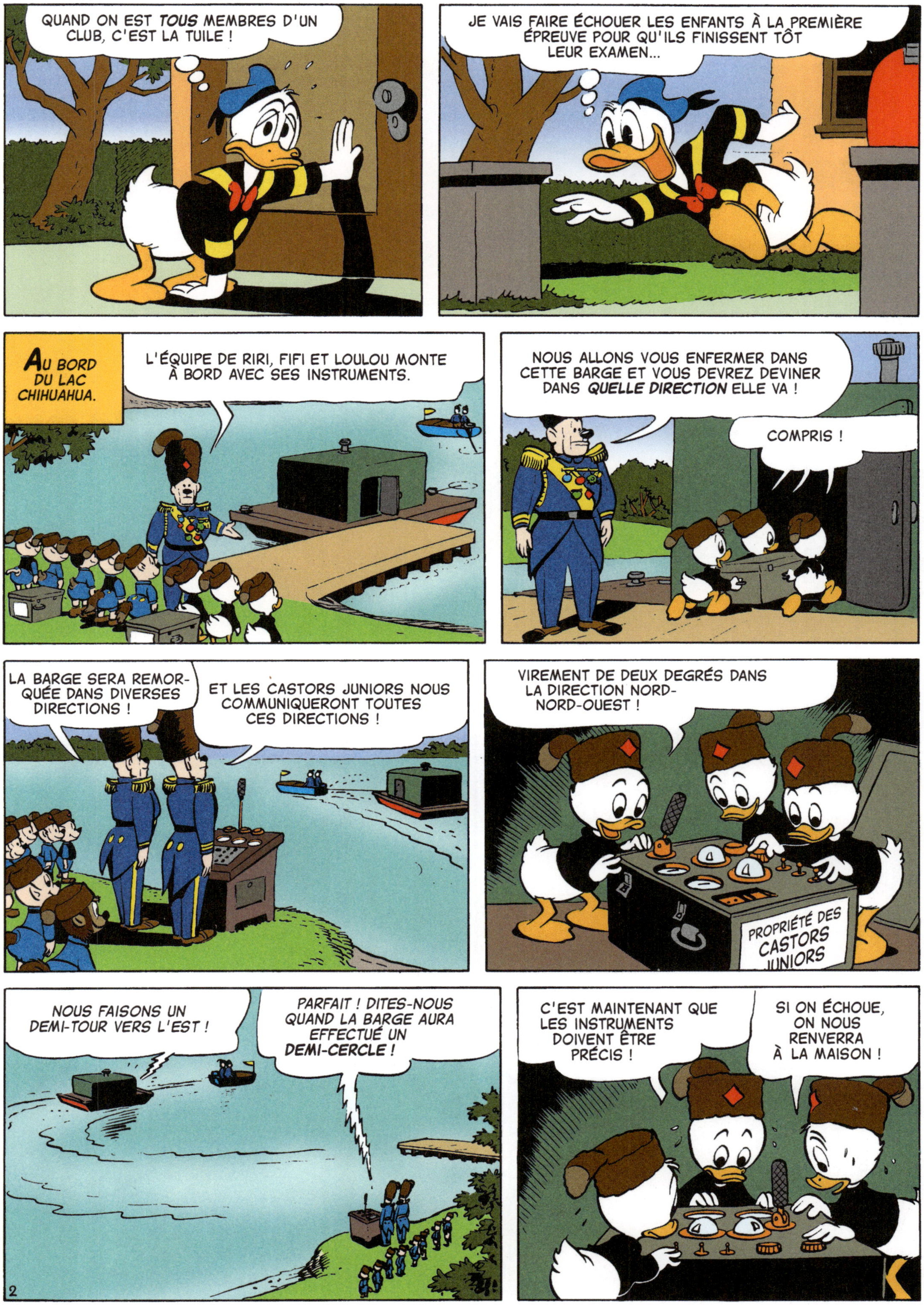
QUAND ON EST *TOUS* MEMBRES D'UN CLUB, C'EST LA TUILE !
JE VAIS FAIRE ÉCHOUER LES ENFANTS À LA PREMIÈRE ÉPREUVE POUR QU'ILS FINISSENT TÔT LEUR EXAMEN...
AU BORD DU LAC CHIHUAHUA.
L'ÉQUIPE DE RIRI, FIFI ET LOULOU MONTE À BORD AVEC SES INSTRUMENTS.
NOUS ALLONS VOUS ENFERMER DANS CETTE BARGE ET VOUS DEVREZ DEVINER DANS **QUELLE DIRECTION** ELLE VA !
COMPRIS !
LA BARGE SERA REMORQUÉE DANS DIVERSES DIRECTIONS !
ET LES CASTORS JUNIORS NOUS COMMUNIQUERONT TOUTES CES DIRECTIONS !
VIREMENT DE DEUX DEGRÉS DANS LA DIRECTION NORD-NORD-OUEST !
PROPRIÉTÉ DES CASTORS JUNIORS
NOUS FAISONS UN DEMI-TOUR VERS L'EST !
PARFAIT ! DITES-NOUS QUAND LA BARGE AURA EFFECTUÉ UN **DEMI-CERCLE !**
C'EST MAINTENANT QUE LES INSTRUMENTS DOIVENT ÊTRE PRÉCIS !
SI ON ÉCHOUE, ON NOUS RENVERRA À LA MAISON !

QUELLE CHANCE ! GÉO TROUVETOU VIENT D'INVENTER CET **AIMANT** SUPERPUISSANT !
IL SUFFIT DE LE POINTER SUR LA BARGE ET LE TOUR EST JOUÉ...
QUE SE PASSE-T-IL ? LA BOUSSOLE ET TOUS LES AUTRES INSTRUMENTS S'AFFOLENT !
L'AIGUILLE DE LA BOUSSOLE TOURNE SANS ARRÊT !
TOUS LES INSTRUMENTS ONT L'AIR D'ÊTRE EN PANNE !
INUTILE DE COMPTER SUR LA MACHINE !
ON VA SE FIER À NOTRE ***SENS DE L'ORIENTATION !***
LE MÊME QUE CELUI DES ***PIGEONS VOYAGEURS !***
FERMONS LES YEUX ET CONCENTRONS-NOUS !
C'EST BON, MESSIEURS ! NOUS VENONS DE FINIR LE DEMI-CERCLE !
ILS N'AURAIENT PAS MIEUX RÉUSSI AVEC LES INSTRUMENTS !
3
VOUS ACCÉDEZ AUX ***DEMI-FINALES !*** *ELLES DURERONT* ***DEUX*** *HEURES !*
J'AI PERDU LA BATAILLE DES ***PATATES !***

DANS LA CUISINE DU CLUB DES VRAIS FAUCONS...
QUOI ? TU N'AS PELÉ QUE TROIS SACS DE PATATES !
J'AI COMMENCÉ TARD...
PATATES
PATATES
EH BIEN, VENDREDI PROCHAIN, TU COMMENCERAS TÔT ET TU EN ÉPLUCHERAS DIX !
JE ME FERAI AIDER PAR LES ENFANTS, S'ILS NE TROUVENT PAS D'AUTRE EXCUSE !
ONC'DONALD ! DEVINE ! ON EST ARRIVÉS PREMIERS À L'EXAMEN DE NAVIGATION !
JE M'EN DOUTAIS...
ET COMME PRIX, ON VA NAVIGUER AU PÔLE NORD !
ON PART VENDREDI À MIDI !
Q-QUOI ? VOUS POUVEZ RÉPÉTER ?
VENDREDI, ON MONTERA À BORD DU SOUS-MARIN L'INDOMPTABLE POUR ALLER AU PÔLE NORD !
COMME LES VRAIS LOUPS DE MER !
4
MAIS POURQUOI MA BONNE ÉTOILE EST-ELLE TOUJOURS EN PANNE ?

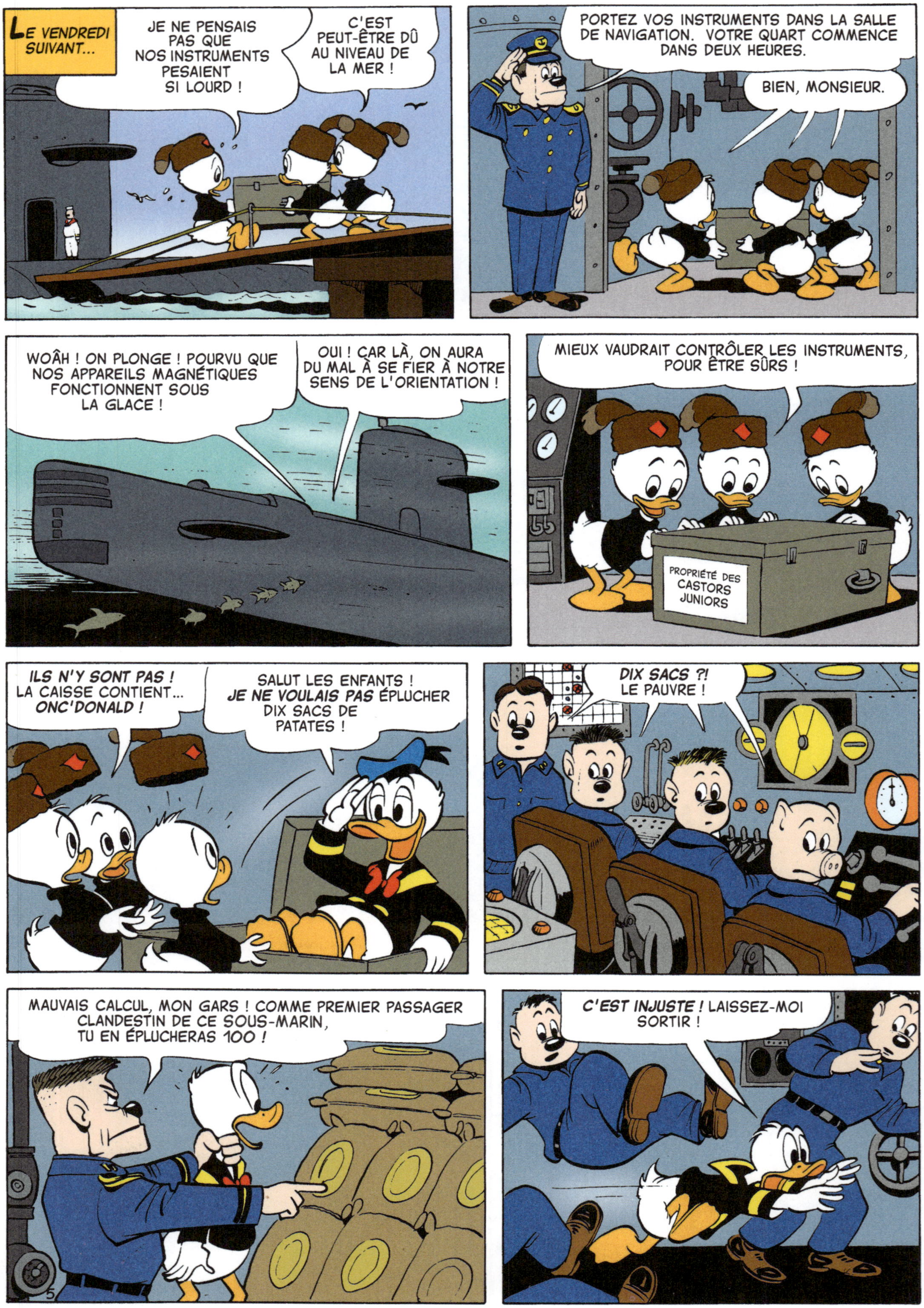
LE VENDREDI SUIVANT...
JE NE PENSAIS PAS QUE NOS INSTRUMENTS PESAIENT SI LOURD !
C'EST PEUT-ÊTRE DÛ AU NIVEAU DE LA MER !
PORTEZ VOS INSTRUMENTS DANS LA SALLE DE NAVIGATION. VOTRE QUART COMMENCE DANS DEUX HEURES.
BIEN, MONSIEUR.
WOÂH ! ON PLONGE ! POURVU QUE NOS APPAREILS MAGNÉTIQUES FONCTIONNENT SOUS LA GLACE !
OUI ! CAR LÀ, ON AURA DU MAL À SE FIER À NOTRE SENS DE L'ORIENTATION !
MIEUX VAUDRAIT CONTRÔLER LES INSTRUMENTS, POUR ÊTRE SÛRS !
PROPRIÉTÉ DES CASTORS JUNIORS
ILS N'Y SONT PAS ! LA CAISSE CONTIENT... ONC'DONALD !
SALUT LES ENFANTS ! JE NE VOULAIS PAS ÉPLUCHER DIX SACS DE PATATES !
DIX SACS ?! LE PAUVRE !
MAUVAIS CALCUL, MON GARS ! COMME PREMIER PASSAGER CLANDESTIN DE CE SOUS-MARIN, TU EN ÉPLUCHERAS 100 !
C'EST INJUSTE ! LAISSEZ-MOI SORTIR !

JE VEUX REJOINDRE DONALDVILLE ! DÉBARQUEZ-MOI !
COMMENT SORT-ON DE CETTE BOÎTE DE CONSERVE ?
ON N'EN SORT PAS ! ALLEZ ÉPLUCHER VOS PATATES !
NE VOUS INQUIÉTEZ PAS POUR LES INSTRUMENTS ! NOUS EN AVONS PLEIN !
MERCI ! NOUS NOUS EFFORCERONS D'ÊTRE DE BONS MARINS !
QUELQUES JOURS PLUS TARD, DANS L'OCÉAN ARCTIQUE.
LES INSTRUMENTS INDIQUENT UNE OUVERTURE DANS LA CALOTTE DE GLACE.
NOUS ALLONS ENVOYER UNE ÉQUIPE EN EXPLORATION...
RIRI ! FIFI ! LOULOU ! VOUS IREZ SUR LA BANQUISE POUR PRÉLEVER DES ÉCHANTILLONS DE GLACE !
À VOS ORDRES !
QUEL HONNEUR ! ON PARTICIPE AUX RECHERCHES SCIENTIFIQUES !
POURQUOI NE ME L'A-T-ON PAS PROPOSÉ !? J'AI AUSSI BESOIN D'AIR FRAIS !
6
LE VAISSEAU AUSSI ! IL SENT LE SOUFRE À FORCE DE T'ENTENDRE TEMPÊTER ! VAS-Y !

AH ! ENFIN LIBRE !
ATTENTION À NE PAS TOMBER À L'EAU !
ONC'DONALD ! OÙ VAS-TU ?
QUESTION INUTILE !
AU GROENLAND ! J'AI ENTENDU DIRE QUE C'ÉTAIT À CINQ HEURES D'ICI !
ONC' DONALD ! NON !
C'EST À CINQ HEURES EN BATEAU !
À PIED, ÇA PREND DIX JOURS ! TU N'ES PAS ÉQUIPÉ POUR UN VOYAGE AUSSI LONG !
LE SOUVENIR DE CES PATATES ME FERA VOLER !
QUELQUE CHOSE NE VA PAS LÀ-BAS ! ON DIRAIT QUE LE CLANDESTIN VEUT DÉSERTER...
ICI AUSSI, ÇA CLOCHE !
CRUNCH
POP !
LES GLACES SE REFERMENT !
IL FAUT PLONGER, OU LE VAISSEAU SERA ÉCRASÉ !
7
VOUS AVEZ UNE MINUTE POUR REMONTER À BORD !

REVIENS, ONCLE DONALD ! SINON ILS VONT NOUS **ABANDONNER** ICI !
REPARTEZ ! MOI, JE REJOINS LE GROENLAND !
ET CE N'EST PAS CETTE PELUCHE MONTÉE EN GRAINE QUI M'ARRÊTERA !
SPAF
SPLACH
C-C-CETTE EAU EST GLA-GLACÉE !
TIRONS-LE DE LÀ !
PLUS VITE, ONC' DONALD ! *PLUS VITE* !
BRRR !
GURGLE
NE NOUS LAISSEZ PAS LÀ !
CRUNCH
8
BOUGE, ONC' DONALD, OU TU VAS GELER !
IMPOSSIBLE ! JE SUIS *DÉJÀ* GELÉ !

IL S'EST COLLÉ À LA GLACE !
ET L'OURS POLAIRE ARRIVE !
LAISSE ONC' DONALD, TOI !
POP
CRAC
OUUUUH OUUUH !
LA CUIRASSE DE GLACE D'ONCLE DONALD A DÛ LUI CASSER QUELQUES DENTS !
HEUREUSEMENT QUE NOUS AVONS ENCORE LES OUTILS À PRÉLÈVEMENTS !
ON VA POUVOIR LIBÉRER ONCLE DONALD !
UN MESSAGE DU CAPITAINE ! "NOUS NOUS DIRIGEONS VERS LE NORD, À LA RECHERCHE D'UNE OUVERTURE. SUIVEZ-NOUS !"
COMMENT SAVOIR OÙ EST LE NORD ?
ON N'A PAS DE BOUSSOLE ET UNE TEMPÊTE DE NEIGE ARRIVE !
METTONS À L'ÉPREUVE NOTRE SENS DE L'ORIENTATION !
9
JE N'Y ARRIVE PAS !
AUSSI PRÈS DU PÔLE, NOTRE SIXIÈME SENS NE FONCTIONNE PLUS !
J'AI F-F-FROID !

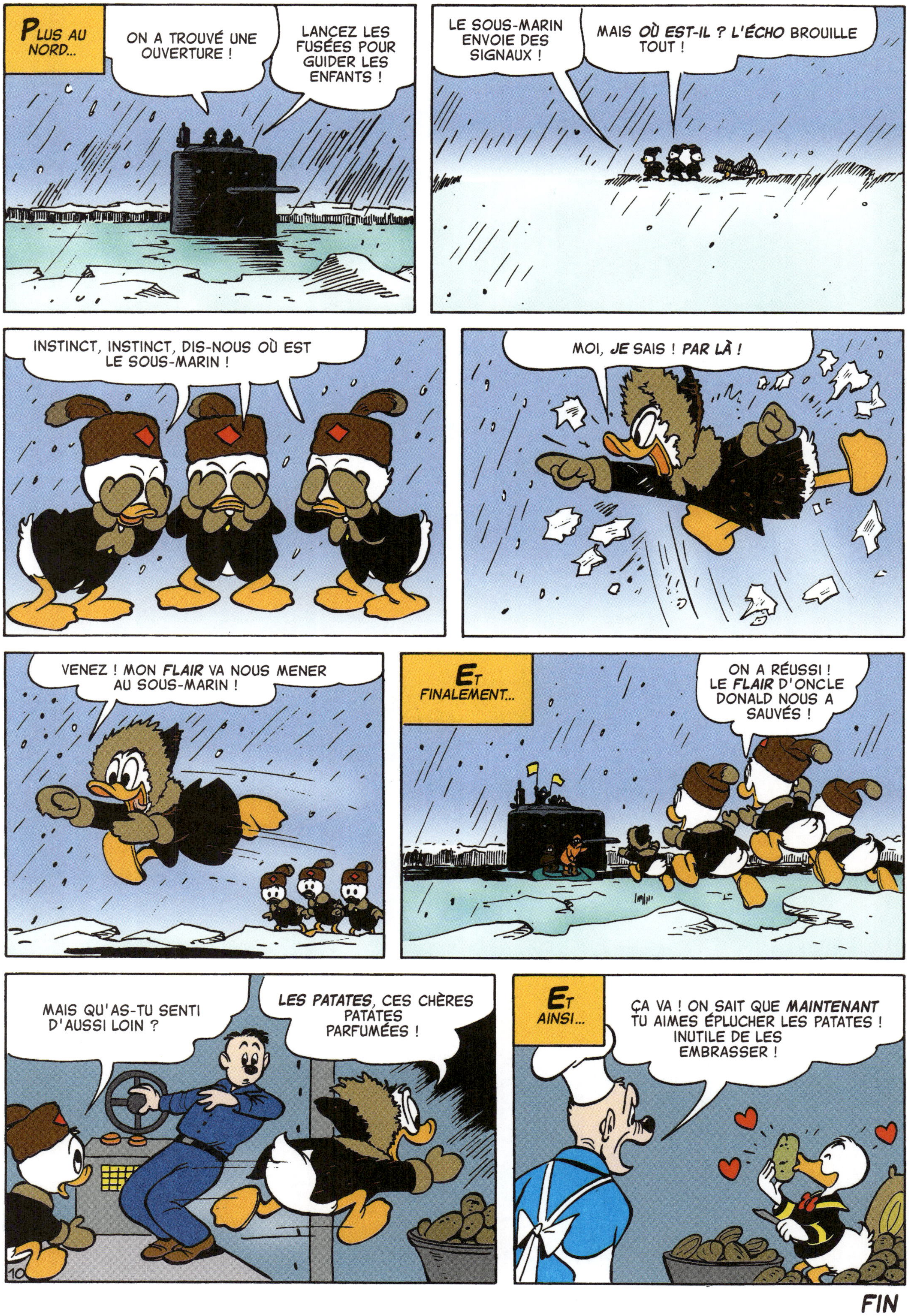
PLUS AU NORD...
ON A TROUVÉ UNE OUVERTURE !
LANCEZ LES FUSÉES POUR GUIDER LES ENFANTS !
LE SOUS-MARIN ENVOIE DES SIGNAUX !
MAIS OÙ EST-IL ? L'ÉCHO BROUILLE TOUT !
INSTINCT, INSTINCT, DIS-NOUS OÙ EST LE SOUS-MARIN !
MOI, JE SAIS ! PAR LÀ !
VENEZ ! MON FLAIR VA NOUS MENER AU SOUS-MARIN !
ET FINALEMENT...
ON A RÉUSSI ! LE FLAIR D'ONCLE DONALD NOUS A SAUVÉS !
MAIS QU'AS-TU SENTI D'AUSSI LOIN ?
LES PATATES, CES CHÈRES PATATES PARFUMÉES !
ET AINSI...
ÇA VA ! ON SAIT QUE MAINTENANT TU AIMES ÉPLUCHER LES PATATES ! INUTILE DE LES EMBRASSER !
10
FIN

La revanche du capitaine Donald

Première publication : mai 1962

WALT DISNEY presents
Donald Duck
DANS LE MONDE ENTIER LES BATEAUX LES PLUS UTILES SONT LES FERRIES. IL Y EN A DE TOUTES SORTES ET DE TOUTES TAILLES...
VOILÀ LE *FERRY FERROVIAIRE* GÉANT DE DONALDVILLE. IL PERMET AU RED BALL EXPRESS DE FRANCHIR LE DÉTROIT DE DEMONGATE !
WDC 260
ET LES BANLIEUSARDS TRAVERSENT MALLARD BAY GRÂCE AU PUISSANT *FERRY AUTOMOBILE !*
ET GRÂCE À CE *FERRY HYDROPTÈRE*, ON TRAVERSE LE DÉTROIT À GRANDE VITESSE !
BATEAUX
IL Y A DES FERRIES QUI SONT HAUTS, D'AUTRES LONGS ET DES FERRIES AVEC DES CABINES, DES PONTS-PROMENADE ET DES BARS !
ET PUIS IL Y A LE FERRY QU'ONC' DONALD PILOTE ENTRE SANDFLEA POINT ET MUDHEN ISLAND !

TOOT
DÈS QU'IL ACTIONNE CE SIFFLET, LE FERRY EST À DEUX DOIGTS DE CHAVIRER !
FERRY
HOLÀ, LES DOCKERS ! DESCENDEZ LA RAMPE, QUE MES *PASSAGERS* PUISSENT DÉBARQUER !
ET *QUELS* PASSAGERS ! UN BERGER ET SES *CHÈVRES*, DEUX POULES ET UN CHIEN !
JE NE TRANSPORTE QUE DES PASSAGERS BAS DE GAMME ! POURQUOI N'AI-JE JAMAIS DE *GROS BONNETS* POUR CHANGER ? DES BANQUIERS, DES AVOCATS...
PEUT-ÊTRE PARCE QUE LES GROS BONNETS ONT TOUS LEUR *PROPRE BATEAU*, ONC'DONALD !
ILS TRAVERSENT LE DÉTROIT EN UN RIEN DE TEMPS AVEC LEURS BATEAUX À MOTEUR.
LES *BATEAUX À MOTEUR !* COMME LES VOITURES ONT ÉLIMINÉ LES TRAMWAYS, LES BATEAUX À MOTEUR ENVOIENT LES FERRIES À LA CASSE !
2
J'AIMERAIS QU'IL ARRIVE QUELQUE CHOSE, JUSTE UNE FOIS, POUR QUE CES SNOBS CESSENT DE REGARDER DE HAUT MON VIEUX PETIT FERRY !

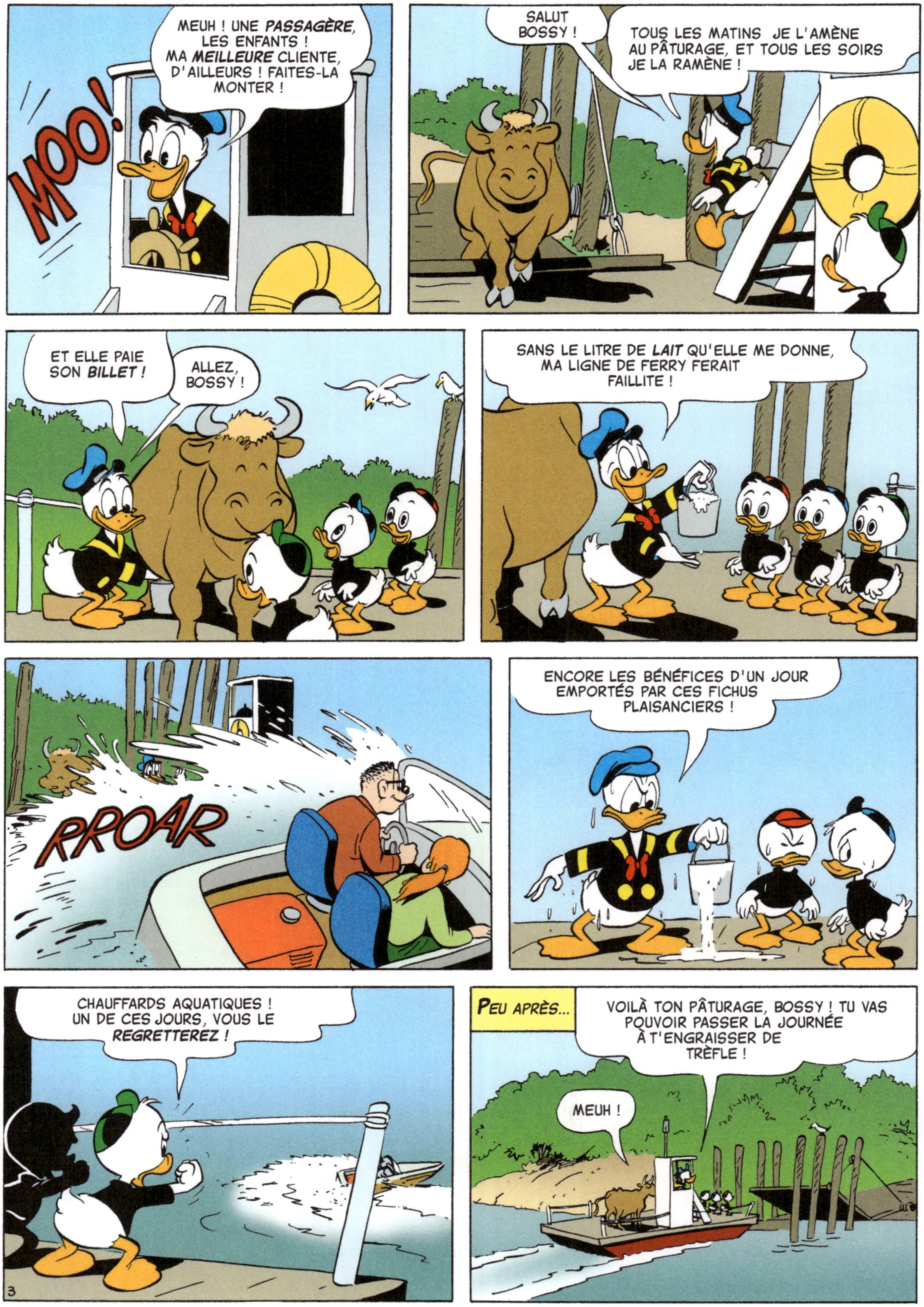
MOO!
MEUH ! UNE PASSAGÈRE, LES ENFANTS ! MA MEILLEURE CLIENTE, D'AILLEURS ! FAITES-LA MONTER !
SALUT BOSSY !
TOUS LES MATINS JE L'AMÈNE AU PÂTURAGE, ET TOUS LES SOIRS JE LA RAMÈNE !
ET ELLE PAIE SON BILLET !
ALLEZ, BOSSY !
SANS LE LITRE DE LAIT QU'ELLE ME DONNE, MA LIGNE DE FERRY FERAIT FAILLITE !
RROAR
ENCORE LES BÉNÉFICES D'UN JOUR EMPORTÉS PAR CES FICHUS PLAISANCIERS !
CHAUFFARDS AQUATIQUES ! UN DE CES JOURS, VOUS LE REGRETTEREZ !
3
PEU APRÈS...
VOILÀ TON PÂTURAGE, BOSSY ! TU VAS POUVOIR PASSER LA JOURNÉE À T'ENGRAISSER DE TRÈFLE !
MEUH !

ONC'DONALD NE VA PAS ENGRAISSER, LUI !
LES AFFAIRES VONT MAL...
TIENS ! ON DIRAIT UN CLIENT...
JE TE PAIE 10 CENTS POUR EMPORTER CES CAISSES DE L'AUTRE CÔTÉ, DONALD !
ÇA MARCHE ! QUELQU'UN VIENDRA LES CHERCHER ?
OUI. TU N'AS QU'À LES LAISSER SUR L'EMBARCADÈRE.
HUM ! PAS MAL ! APRÈS CE QU'ONC'DONALD A TRANSPORTÉ, ON DIRAIT QUE CES CAISSES CONTIENNENT DES CHOSES QUI ONT UN PEU PLUS DE CLASSE !
LES VACHES, LES CHIENS, LES POULES ET LES CHÈVRES, C'EST CE QU'ON FAIT DE PLUS BAS DANS L'ÉCHELLE DES PASSAGERS, OU PRESQUE !
JE ME DEMANDE CE QU'IL Y A DEDANS !
YANN APPÂT
YANN APPÂT
YANN APPÂT
DES VERS !
YANN APPÂT
C'EST LE BOUQUET ! NOUS DEVONS AIDER ONC' DONALD...
SON FERRY A BESOIN DE PASSAGERS HUMAINS. ON VA LUI EN CHERCHER.
PEU APRÈS...
SI ON RENCONTRAIT DES PIQUE-NIQUEURS, ON POURRAIT LES PERSUADER D'ALLER MANGER À MUDHEN ISLAND !
TU VISES LA GROSSE AFFAIRE !

EN AVANT LES CASTORETTES ! AUJOURD'HUI, C'EST LA FÊTE ! EN PIQUE-NIQUE NOUS ALLONS... POUR MANGER DU SAUCISSON !
UNE PATROUILLE DE ROSSIGNOLS AVEC LEUR CAPITAINE !
QUE RÊVER DE MIEUX ?
MADAME, VOUS N'ALLEZ PAS PIQUE-NIQUER DANS CE VIEUX PARC POUSSIÉREUX !
SI VOUS VOULEZ QUE VOS CASTORETTES S'AMUSENT, EMMENEZ-LES EN FERRY À MUDHEN ISLAND !
EN FERRY ! OH OUI, FAISONS ÇA, MADAME RAMROD !
UNE TRAVERSÉE EN FERRY SERAIT AMUSANTE ! ET SÛREMENT SANS DANGER !
SANS DANGER, BON MARCHÉ, RAPIDE ET LUXUEUX, M'DAME !
PEU APRÈS...
LAVE LE PONT ET ASTIQUE LES CUIVRES, ONC'DONALD ! TU VAS AVOIR DES PASSAGERS HUMAINS !
HUIT ADORABLES DEMOISELLES ET LEUR CAPITAINE !
DES DEMOISELLES ! OH, BIGRE, BIGRE !
5
LAVEZ LE PONT, MATELOTS ! DURANT CETTE TRAVERSÉE, JE SERAI L'AMIRAL DONALD !

TUUT TU TU TU FUUU
HÉ, HÉ ! C'EST AMUSANT, LES FILLES ! ON NOUS ACCUEILLE À BORD EN MUSIQUE.
HEP ! HEP ! COLONNE, HALTE !
OH, LÀ LÀ ! IL FAUT VITE LANCER LE BATEAU ET VENDRE LES BILLETS !
EH ! C'EST BIEN UNE PATROUILLE DE CASTORETTES, DANS CE FERRY MITEUX ?
PAUVRES PETITES ! ELLES ESSAIENT DE S'AMUSER !
MADAME, SI VOUS VOULEZ QUE VOS CASTORETTES S'AMUSENT, LAISSEZ-NOUS VOUS EMMENER À MUDHEN ISLAND EN BATEAU À MOTEUR !
C'EST SANS DANGER, GRATUIT, RAPIDE ET LUXUEUX !
OH ! UN BATEAU À MOTEUR ! DITES OUI, MADAME RAMROD !
HUIT FILLETTES ET UNE ADULTE ! JE N'AURAI JAMAIS EU AUTANT DE PASSAGERS !
GLOUPS ! MES PASSAGÈRES ! OÙ SONT-ELLES PASSÉES ?
ELLES SONT DESCENDUES DU FERRY POUR ALLER DANS UN BATEAU À MOTEUR, ONC'DONALD !
ROAR
6

ET VOILÀ NOTRE PETIT RÊVE DE RICHESSE QUI S'ENVOLE !
LES BATEAUX À MOTEUR ME FAUCHENT MES PASSAGERS JUSQUE SUR LE PONT, À PRÉSENT !
TOOOWOOT
ENCORE UNE TRAVERSÉE À VIDE, ALORS !
PLUS TARD...
FERRY ! FERRY ! POUR VOUS AMUSER, FAITES UN TOUR EN FERRY À MUDHEN ISLAND !
TARIF SPÉCIAL POUR LES EXCURSIONS !
FERRY
FERRY
JE N'AI PLUS DE VOIX !
MOI NON PLUS ! ET ON N'A PAS RÉCUPÉRÉ UN SEUL PASSAGER !
JE COMMENCE À PENSER QUE PLUS PERSONNE N'A BESOIN DU FERRY D'ONC' DONALD !
QUE SE PASSE-T-IL ?
VOUS ÊTES PERDUS ?
PRESQUE, LES ENFANTS. ON DOIT DÉROULER UN CÂBLE JUSQU'À MUDHEN ISLAND, MAIS ON NE TROUVE PAS DE BARGE POUR TRAVERSER.
ET TOUS CES JOLIS BATEAUX À MOTEUR SONT TROP PETITS POUR NOTRE CAMION !
VOUS N'ÊTES PAS LÀ DEPUIS LONGTEMPS, PAS VRAI ?
AU BOUT DE CE PETIT CHEMIN, IL Y A LE FERRY DE MUDHEN ISLAND !
UN FERRY ? EH !

ACCROCHE-TOI À TON GOUVERNAIL, ONC'DONALD ! LA **COMPAGNIE DES TÉLÉPHONES** TE DONNE DU TRAVAIL !
HOURRA ! LA **PROSPÉRITÉ** ARRIVE !
BLOQUEZ LES ROUES, LES ENFANTS, ET LARGUEZ LES AMARRES !
OH ! LE **BROUILLARD** S'EST LEVÉ ! VOUS VOYEZ OÙ VOUS ALLEZ, CAP'TAINE ?
JE ME DIRIGE EN FAISANT REBONDIR L'ÉCHO DE MON SIFFLET SUR LA LIGNE DE CÔTE !
TOOT
ROAR
CLONG
ENFIN... QUAND **J'AVAIS** UN SIFFLET ! UN BATEAU À MOTEUR A PROJETÉ UN MORCEAU DE BOIS FLOTTANT DESSUS !
PEU APRÈS...
ON VOIT DÉJÀ LES CONSÉQUENCES ! LE DÉBARCADÈRE N'EST PAS LÀ OÙ JE **PENSAIS** !
TU DOIS DÉRIVER AVEC LA MARÉE DESCENDANTE, ONC'DONALD ! L'EAU DEVIENT TRÈS **AGITÉE** !
8
TROP AGITÉE POUR **MOI** ! J'AI LE MAL DE MER !
PLUS VITE, CAP'TAINE ! RAMENEZ-NOUS À TERRE ! N'IMPORTE OÙ, MAIS VITE !

J'ESSAIE, MAIS JE NE VOIS LA TERRE NULLE PART !
LE PETIT FERRY AVANCE À TÂTONS LE LONG DU DÉTROIT, CHERCHANT VAINEMENT UN REPÈRE FAMILIER.
JE N'AI JAMAIS VU CES POTEAUX, ONC'DONALD !
DEMI-TOUR !
CONTOURNE D'ABORD LES DERNIERS POTEAUX !
LA MARÉE POURRAIT NOUS GUIDER, MAIS ELLE NE VA DANS AUCUNE DIRECTION MAINTENANT !
FINALEMENT...
TERRE ! DÉBARCADÈRE DE MUDHEN ISLAND DROIT DEVANT !
NON ! C'EST SANDFLEA POINT... NOTRE POINT DE DÉPART !
ÇA IRA TRÈS BIEN ! NOUS, TOUT CE QU'ON VEUT, C'EST QUITTER CE FERRY !
JE CROIS QU'ON VIENT DE PERDRE LA CLIENTÈLE DE LA COMPAGNIE DES TÉLÉPHONES !
ON LE CROIT AUSSI, ONC' DONALD !
D'UNE FAÇON OU D'UNE AUTRE, CES BATEAUX À MOTEUR ME FONT PERDRE TOUTES MES TRAVERSÉES !
MAIS DONALD SE TROMPE. LE BROUILLARD SE LÈVE ET RÉVÈLE UNE SCÈNE QUI VA LUI APPORTER BEAUCOUP DE CLIENTS DANS LES JOURS À VENIR...
LE DÉTROIT EST BLOQUÉ SUR DES KILOMÈTRES PAR LE CÂBLE TÉLÉPHONIQUE EMMÊLÉ !
LES BATEAUX À MOTEUR NE PEUVENT PLUS QUITTER LEURS MOUILLAGES !
9

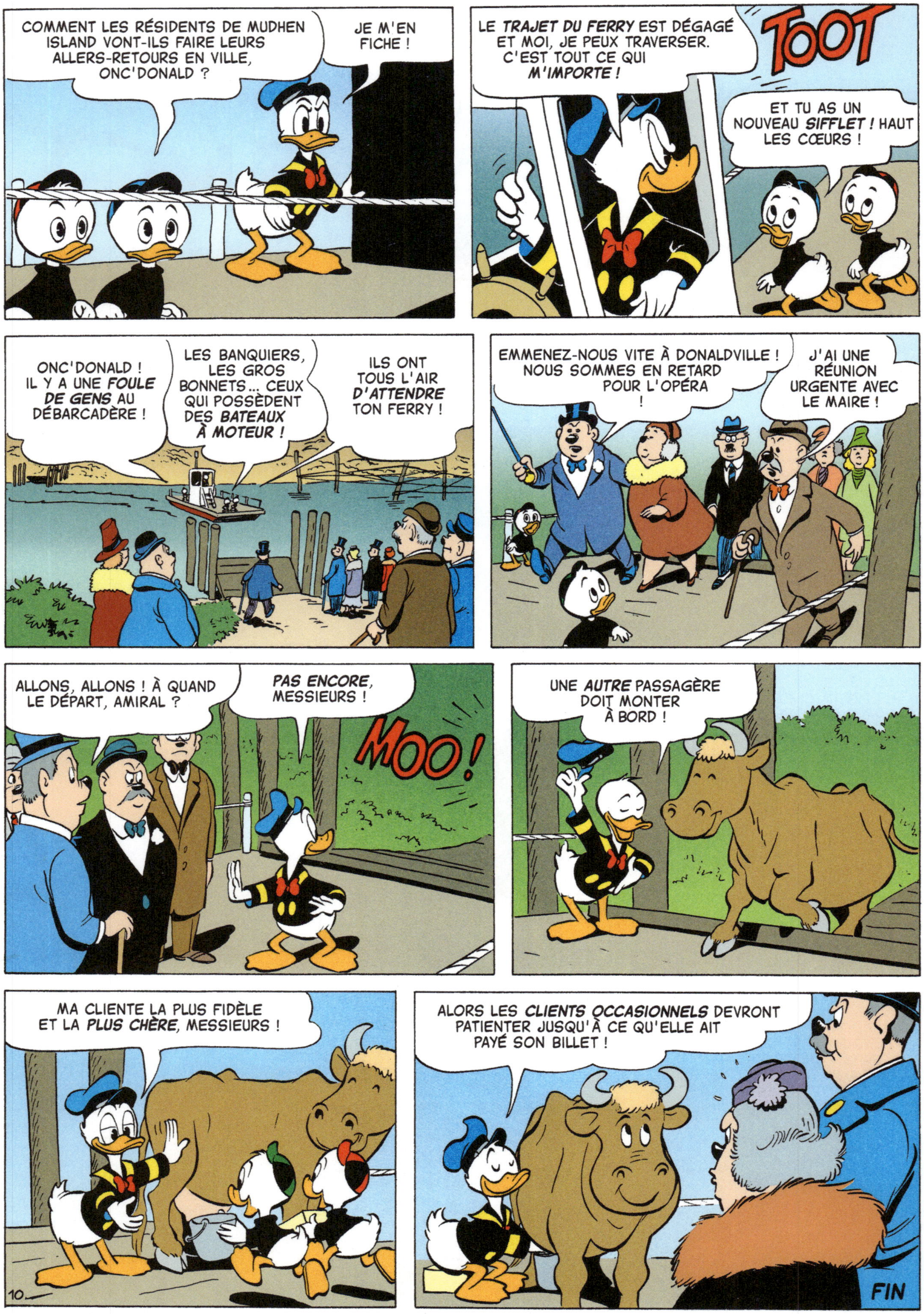

COMMENT LES RÉSIDENTS DE MUDHEN ISLAND VONT-ILS FAIRE LEURS ALLERS-RETOURS EN VILLE, ONC'DONALD ?
JE M'EN FICHE !
LE TRAJET DU FERRY EST DÉGAGÉ ET MOI, JE PEUX TRAVERSER. C'EST TOUT CE QUI M'IMPORTE !
TOOT
ET TU AS UN NOUVEAU SIFFLET ! HAUT LES CŒURS !
ONC'DONALD ! IL Y A UNE FOULE DE GENS AU DÉBARCADÈRE !
LES BANQUIERS, LES GROS BONNETS... CEUX QUI POSSÈDENT DES BATEAUX À MOTEUR !
ILS ONT TOUS L'AIR D'ATTENDRE TON FERRY !
EMMENEZ-NOUS VITE À DONALDVILLE ! NOUS SOMMES EN RETARD POUR L'OPÉRA !
J'AI UNE RÉUNION URGENTE AVEC LE MAIRE !
ALLONS, ALLONS ! À QUAND LE DÉPART, AMIRAL ?
PAS ENCORE, MESSIEURS !
MOO !
UNE AUTRE PASSAGÈRE DOIT MONTER À BORD !
MA CLIENTE LA PLUS FIDÈLE ET LA PLUS CHÈRE, MESSIEURS !
10
ALORS LES CLIENTS OCCASIONNELS DEVRONT PATIENTER JUSQU'À CE QU'ELLE AIT PAYÉ SON BILLET !
FIN

Donald et Picsou sont en froid !

Première publication : janvier 1964

WALT DISNEY presents
Donald Duck
C'EST EN HIVER QU'IL Y A LES PLUS BELLES VAGUES, QUAND IL FAIT TROP FROID POUR FAIRE DU SURF ! QUEL GÂCHIS !
WDC 280
COWABUNGA ! VISEZ-MOI CES ROULEAUX !
PARFAITS POUR LES FIGURES ET POUR SURFER UN TUBE !
METTEZ DE LA WAX SUR VOS PLANCHES, LES GARS ! À MARÉE HAUTE, LE PUBLIC ACCOURRA POUR NOUS VOIR !
C'EST MON CLUB DE SURF ! QUE FONT-ILS LÀ ?
EH ! C'EST DONALD ! OÙ EST TA PLANCHE, SURFEUR DU DIMANCHE ?
1
JE SUIS CENSÉ M'EN SERVIR ?
AURAIS-TU OUBLIÉ QU'ON AVAIT PROMIS DE FAIRE UNE DÉMONSTRATION DE SURF POUR LA CAISSE DE NOËL DE DONALDVILLE ?

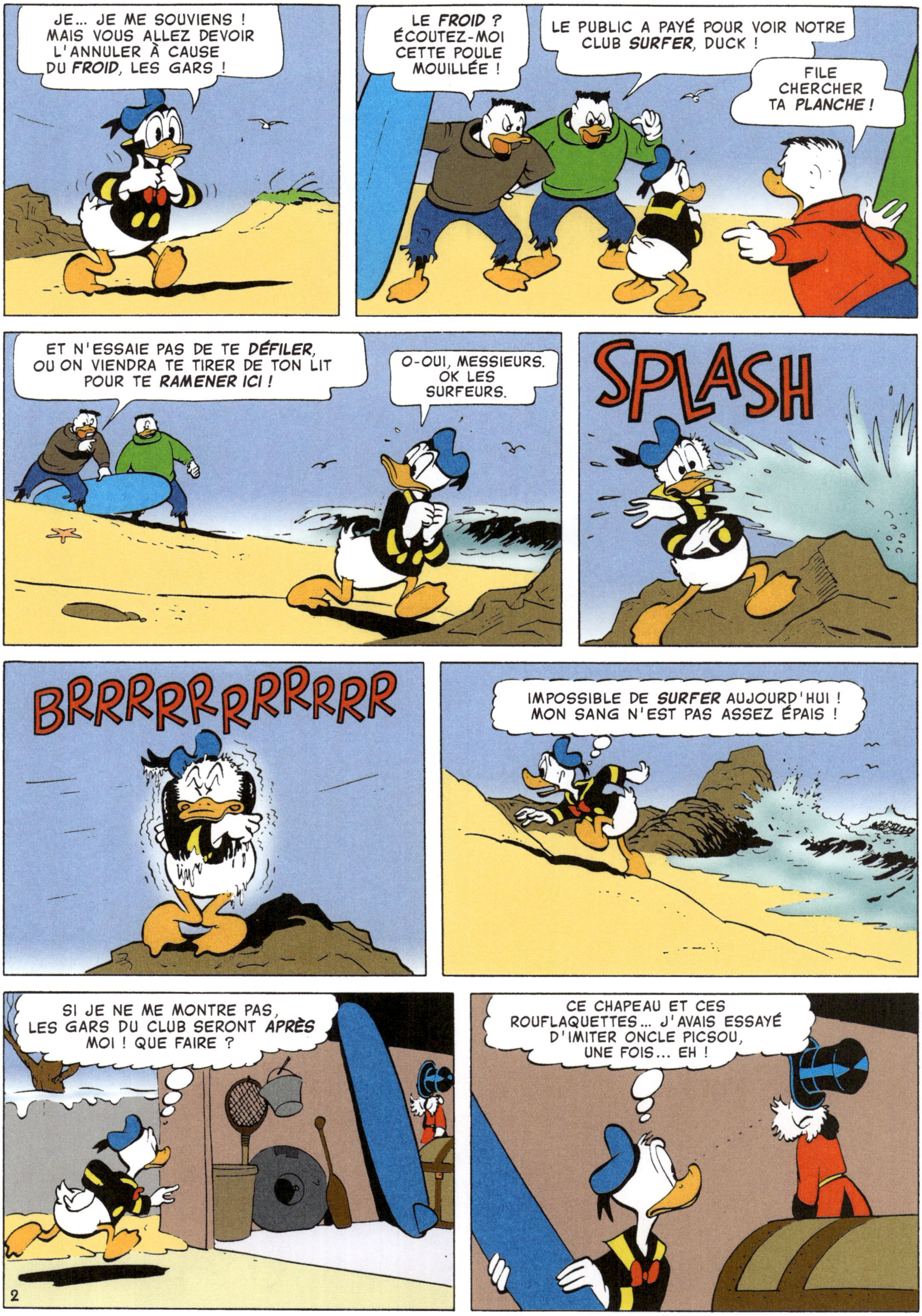
JE... JE ME SOUVIENS ! MAIS VOUS ALLEZ DEVOIR L'ANNULER À CAUSE DU FROID, LES GARS !
LE FROID ? ÉCOUTEZ-MOI CETTE POULE MOUILLÉE !
LE PUBLIC A PAYÉ POUR VOIR NOTRE CLUB SURFER, DUCK !
FILE CHERCHER TA PLANCHE !
ET N'ESSAIE PAS DE TE DÉFILER, OU ON VIENDRA TE TIRER DE TON LIT POUR TE RAMENER ICI !
O-OUI, MESSIEURS. OK LES SURFEURS.
SPLASH
BRRRRRRRRRRR
IMPOSSIBLE DE SURFER AUJOURD'HUI ! MON SANG N'EST PAS ASSEZ ÉPAIS !
SI JE NE ME MONTRE PAS, LES GARS DU CLUB SERONT APRÈS MOI ! QUE FAIRE ?
2
CE CHAPEAU ET CES ROUFLAQUETTES... J'AVAIS ESSAYÉ D'IMITER ONCLE PICSOU, UNE FOIS... EH !

JE VAIS ME DÉGUISER ET PERSONNE NE SAURA QUE JE SUIS DONALD DUCK, UN RÉFUGIÉ DES MERS GLACÉES...
EN COLLANT FORTEMENT CES TRUCS, ILS NE RISQUERONT PAS DE S'ENLEVER AU MAUVAIS MOMENT !
IL NE ME RESTE PLUS QU'À ME METTRE AU CHAUD, JUSQU'À LA FIN DE L'EXHIBITION !
HEUREUSEMENT QUE JE SUIS DÉGUISÉ ! L'ÉQUIPE VIENT POUR ME RAMENER À LA PLAGE !
NON LOIN DE LÀ, ONCLE PICSOU EST AUSSI CONFRONTÉ À UNE CRISE ...
JE LA VOIS QUI ARRIVE ! ... QUE FAIRE ?
QUI EST-CE, MONSIEUR PICSOU ?
LE CAPITAINE RAMROD ET SA PATROUILLE DES ROSSIGNOLS !
OH, OUI. TOUS LES ANS, ELLE ESSAIE D'OBTENIR UN DON POUR LA CAISSE DE NOËL DE LA PATROUILLE DES ROSSIGNOLS.
JUSQU'À PRÉSENT, JE M'EN SUIS TIRÉ EN LES EMMENANT SKIER OU FAIRE DU LÈCHE-VITRINES !
3
MAIS CETTE ANNÉE, JE NE ME SENS CAPABLE DE RIEN... QUE FAIRE ?

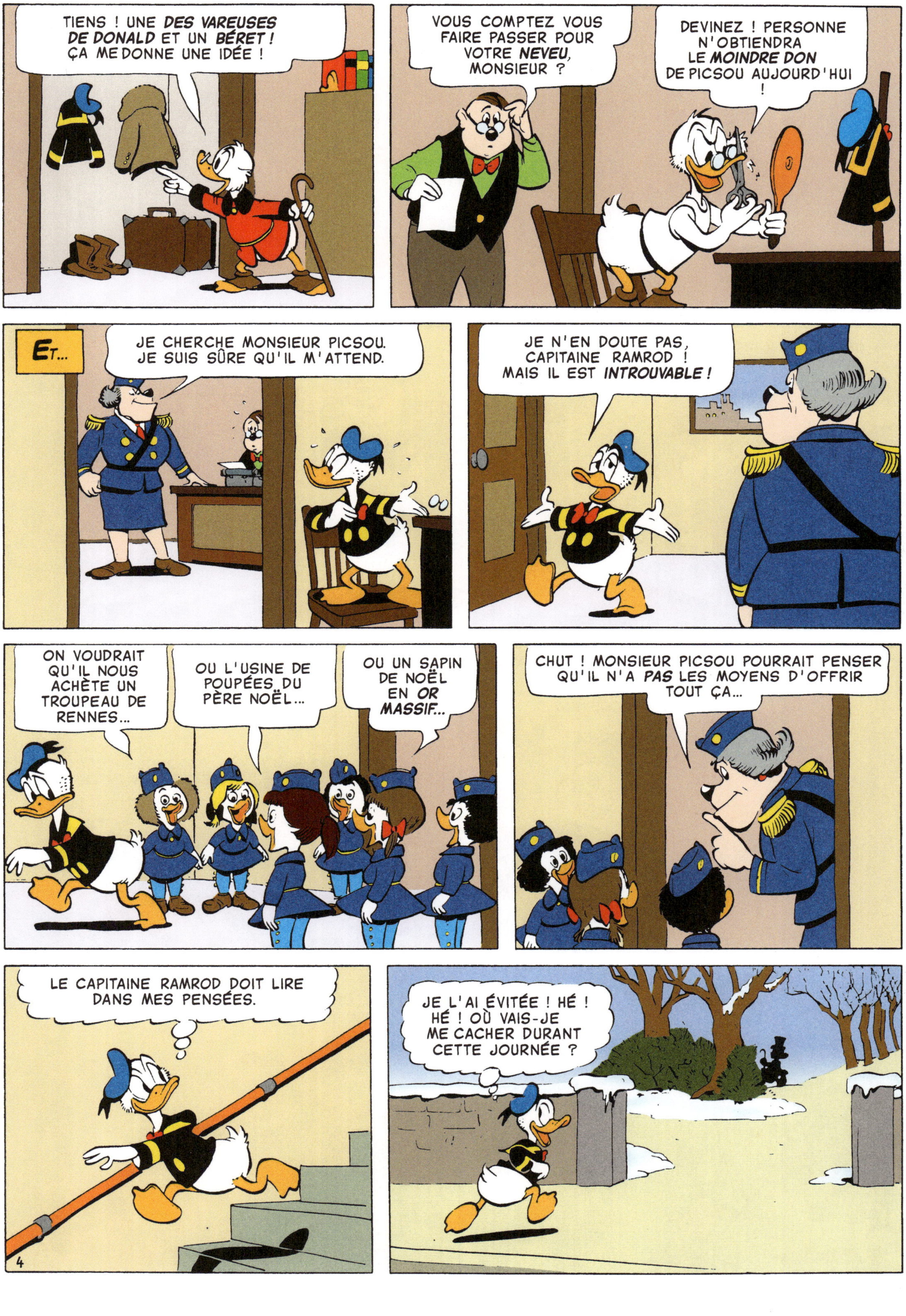
TIENS ! UNE DES VAREUSES DE DONALD ET UN BÉRET ! ÇA ME DONNE UNE IDÉE !
VOUS COMPTEZ VOUS FAIRE PASSER POUR VOTRE NEVEU, MONSIEUR ?
DEVINEZ ! PERSONNE N'OBTIENDRA LE MOINDRE DON DE PICSOU AUJOURD'HUI !
ET...
JE CHERCHE MONSIEUR PICSOU. JE SUIS SÛRE QU'IL M'ATTEND.
JE N'EN DOUTE PAS, CAPITAINE RAMROD ! MAIS IL EST INTROUVABLE !
ON VOUDRAIT QU'IL NOUS ACHÈTE UN TROUPEAU DE RENNES...
OU L'USINE DE POUPÉES DU PÈRE NOËL...
OU UN SAPIN DE NOËL EN OR MASSIF...
CHUT ! MONSIEUR PICSOU POURRAIT PENSER QU'IL N'A PAS LES MOYENS D'OFFRIR TOUT ÇA...
LE CAPITAINE RAMROD DOIT LIRE DANS MES PENSÉES.
4
JE L'AI ÉVITÉE ! HÉ ! HÉ ! OÙ VAIS-JE ME CACHER DURANT CETTE JOURNÉE ?

JE VAIS ALLER VERS LA *PLAGE*. LE CAPITAINE RAMROD N'IRA JAMAIS ME CHERCHER LÀ-BAS.
JE VAIS ALLER VERS LE QUARTIER DES *AFFAIRES* ! LES SURFEURS N'IRONT JAMAIS ME CHERCHER LÀ-BAS !
CE SERAIT MARRANT DE RENCONTRER ONCLE PICSOU. JE LE FERAIS PASSER POUR UN IMPOSTEUR ! HÉ ! HÉ !
MONSIEUR PICSOU ! JE VOUS *CHERCHAIS !*
!
VOUS DEVRIEZ CONTINUER À CHERCHER...
C'EST À PROPOS DU *DON ANNUEL* À LA CAISSE DE NOËL DE LA PATROUILLE DES ROSSIGNOLS !
M. PORKFELLER A OFFERT 100 $! M. GROTCHILD, 50 $! NOUS PENSIONS QUE *VOUS* POURRIEZ ALLER JUSQU'À *1 000 $!*
J-JE NE PEUX PAS VOUS DONNER L'ARGENT D'ONCLE PICSOU ! JE SUIS UN *IMPOSTEUR !*
TOUJOURS LA MÊME EXCUSE, MONSIEUR ! QUI PRÉTENDEZ-VOUS ÊTRE CETTE ANNÉE ?
DONALD DUCK ! REGARDEZ... VOICI MON PORTE-FEUILLE !
5
QUI AS-TU DIT QUE T'ÉTAIS, L'AMI ?
OUAC !... *BALTHAZAR PICSOU !* JE PLAISANTAIS, C'EST TOUT !

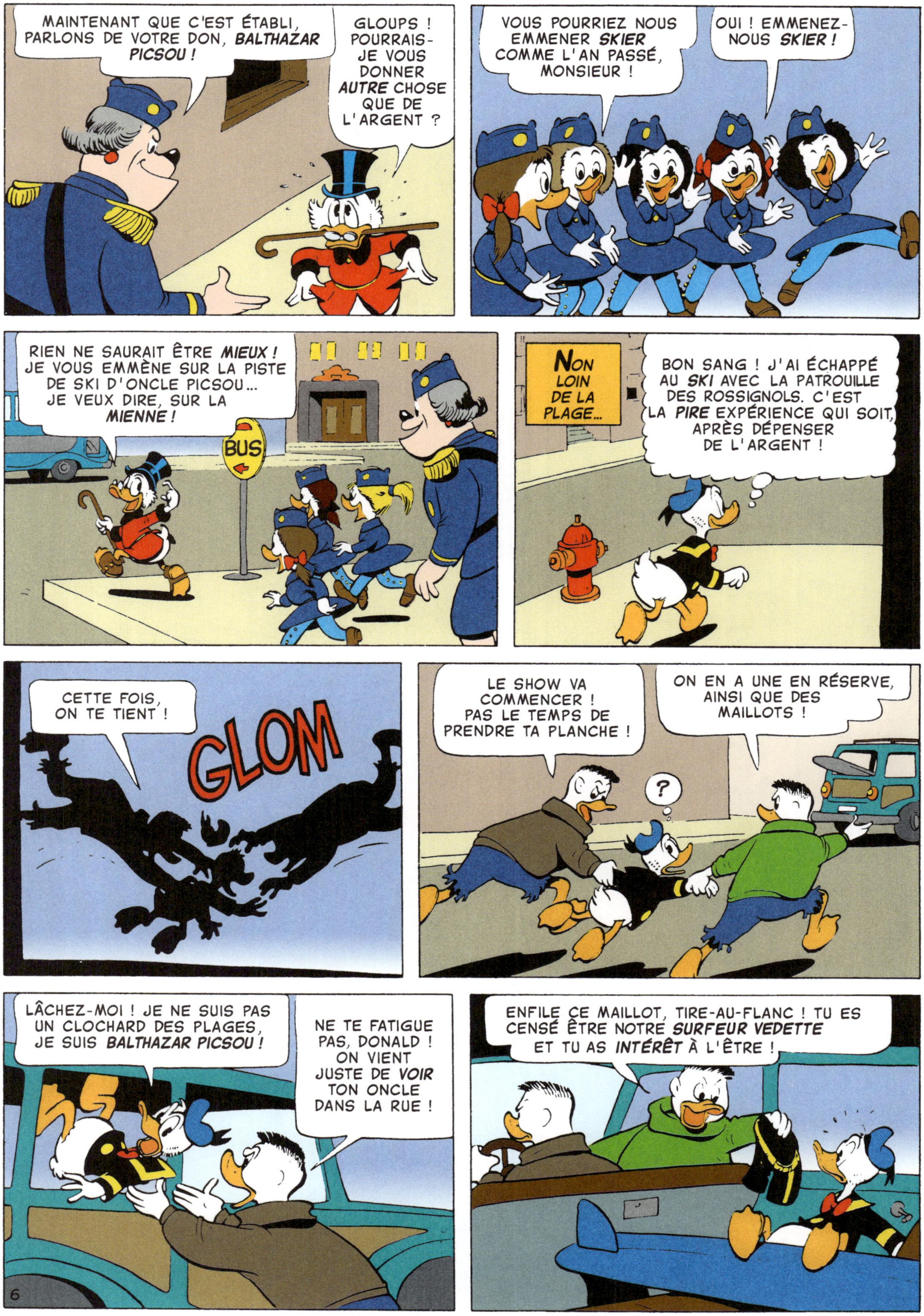
MAINTENANT QUE C'EST ÉTABLI, PARLONS DE VOTRE DON, BALTHAZAR PICSOU !
GLOUPS ! POURRAIS-JE VOUS DONNER AUTRE CHOSE QUE DE L'ARGENT ?
VOUS POURRIEZ NOUS EMMENER SKIER COMME L'AN PASSÉ, MONSIEUR !
OUI ! EMMENEZ-NOUS SKIER !
RIEN NE SAURAIT ÊTRE MIEUX ! JE VOUS EMMÈNE SUR LA PISTE DE SKI D'ONCLE PICSOU... JE VEUX DIRE, SUR LA MIENNE !
BUS
NON LOIN DE LA PLAGE...
BON SANG ! J'AI ÉCHAPPÉ AU SKI AVEC LA PATROUILLE DES ROSSIGNOLS. C'EST LA PIRE EXPÉRIENCE QUI SOIT, APRÈS DÉPENSER DE L'ARGENT !
CETTE FOIS, ON TE TIENT !
GLOM
LE SHOW VA COMMENCER ! PAS LE TEMPS DE PRENDRE TA PLANCHE !
ON EN A UNE EN RÉSERVE, AINSI QUE DES MAILLOTS !
?
LÂCHEZ-MOI ! JE NE SUIS PAS UN CLOCHARD DES PLAGES, JE SUIS BALTHAZAR PICSOU !
NE TE FATIGUE PAS, DONALD ! ON VIENT JUSTE DE VOIR TON ONCLE DANS LA RUE !
6
ENFILE CE MAILLOT, TIRE-AU-FLANC ! TU ES CENSÉ ÊTRE NOTRE SURFEUR VEDETTE ET TU AS INTÉRÊT À L'ÊTRE !

DONALD CONDUIT LA PATROUILLE DES ROSSIGNOLS AU CHALET DE SKI D'ONCLE PICSOU.
MONTEZ LE PREMIER AU SOMMET, MONSIEUR PICSOU, ET ASSUREZ-VOUS QU'IL N'Y A PAS DE DANGER POUR LES CASTORETTES !
AUCUN PROBLÈME ! C'EST DE LA RIGOLADE, COMPARÉ AU SURF !
JE FAISAIS MARCHER CES TÉLÉSIÈGES QUAND ONCLE PICSOU ACCUEILLAIT ICI LES GRANDS MANITOUS DES AFFAIRES !
PAUVRE MONSIEUR PICSOU ! CE N'EST PAS ASSEZ RAPIDE ! IL NE SERA PAS EN HAUT AVANT UN SIÈCLE !
NOUS DEVONS TOUT FAIRE POUR L'AIDER ! IL A ÉTÉ SI GENTIL !
WOUAH ! SUR QUOI SUIS-JE ASSIS ?!... UNE FUSÉE LUNAIRE ?
CNAP
7
AAAH ! À L'AIDE !

SPRONG
DE SON CÔTÉ, ONCLE PICSOU REÇOIT SES INSTRUCTIONS.
OK, DONALD ! VOICI TA VAGUE ! PRENDS-LA !
JE VOUS DIS QUE JE NE SUIS PAS DONALD !
L'ÉTÉ DERNIER, TU FAISAIS LES MEILLEURES FIGURES ! TU NE VAS PAS RENONCER À CAUSE DU FROID !
OH, MES AÏEUX ! SI CETTE EAU GLACÉE ME TOMBE DESSUS, JE VAIS MOURIR CONGELÉ !
IMPOSSIBLE DE GARDER LES MAINS SUR CETTE PLANCHE FROIDE.
J'AI LES PIEDS GELÉS ! JE PEUX EN SAUVER UN EN LE GARDANT EN L'AIR...
DONALD EST DANS LE ROULEAU, EN ÉQUILIBRE SUR UN PIED !
POUR UN SURFEUR DE CETTE CLASSE, JE DOUBLE MON DON À LA CAISSE DE NOËL !
L'EXTRÉMITÉ DE CETTE FRINGANTE PLANCHE SEMBLE PLUS SÈCHE !
IL SE DIRIGE VERS LE NEZ !
8

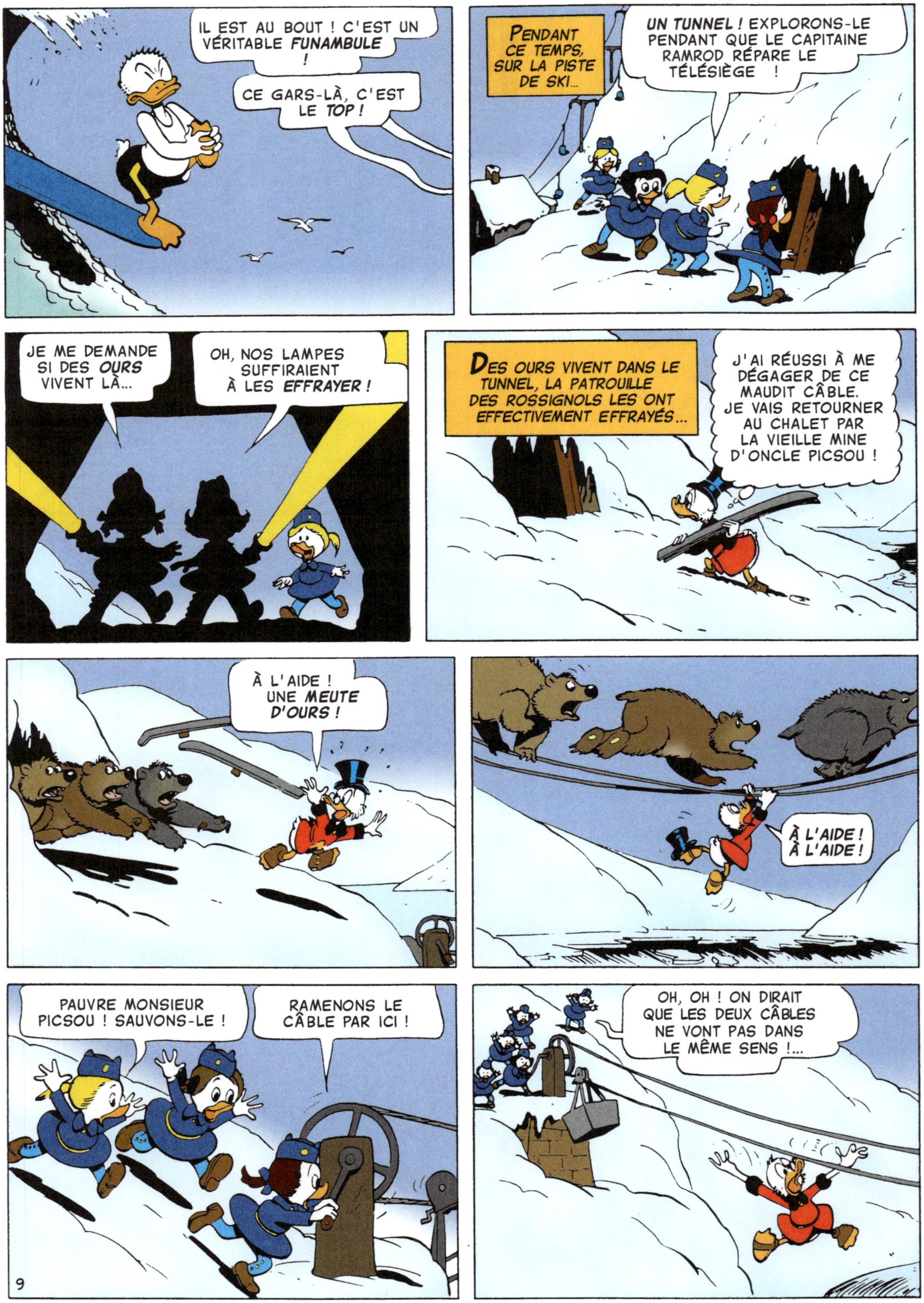
IL EST AU BOUT ! C'EST UN VÉRITABLE FUNAMBULE !
CE GARS-LÀ, C'EST LE TOP !
PENDANT CE TEMPS, SUR LA PISTE DE SKI...
UN TUNNEL ! EXPLORONS-LE PENDANT QUE LE CAPITAINE RAMROD RÉPARE LE TÉLÉSIÈGE !
JE ME DEMANDE SI DES OURS VIVENT LÀ...
OH, NOS LAMPES SUFFIRAIENT À LES EFFRAYER !
DES OURS VIVENT DANS LE TUNNEL, LA PATROUILLE DES ROSSIGNOLS LES ONT EFFECTIVEMENT EFFRAYÉS...
J'AI RÉUSSI À ME DÉGAGER DE CE MAUDIT CÂBLE. JE VAIS RETOURNER AU CHALET PAR LA VIEILLE MINE D'ONCLE PICSOU !
À L'AIDE ! UNE MEUTE D'OURS !
À L'AIDE ! À L'AIDE !
PAUVRE MONSIEUR PICSOU ! SAUVONS-LE !
RAMENONS LE CÂBLE PAR ICI !
9
OH, OH ! ON DIRAIT QUE LES DEUX CÂBLES NE VONT PAS DANS LE MÊME SENS !...

PAUVRE MONSIEUR PICSOU ! IL PREND UN BAIN FORCÉ !
BRRRRRR
MAIS REGARDEZ CE QUE NOUS AVONS ATTRAPÉ ! UN OURS ! ON VA LE CAPTURER ET LE VENDRE AU ZOO !
SUR LA PLAGE...
JE L'AI FAIT ! J'AI REJOINT LA PLAGE ET JE SUIS COMPLÈTEMENT SEC !
LIMONADE SODA CAFÉ
5 ¢
BOMP
BRRRRRRR ! SEUL LE ROI DES IDIOTS PRENDRAIT UN BAIN DE LIMONADE GLACÉE UN JOUR COMME CELUI-CI !
LE LENDEMAIN, ONCLE PICSOU ET DONALD N'ONT PAS ENCORE FINI DE DÉCONGELER...
CE STUPIDE JOURNAL DIT : "BALTHAZAR PICSOU A AIDÉ LES MÉSANGES JUNIORS À CAPTURER UN OURS, QU'ELLES ONT VENDU AU ZOO POUR 1 000 $!"
JE SUIS L'ONCLE PICSOU, ET JE N'ÉTAIS NULLE PART AVEC DES OURS !
10
"LA DÉMONSTRATION DE SURF DE DONALD DUCK DOUBLE LES DONS À LA CAISSE DE NOËL !"
MOI ? J'AI FAIT DU SURF ? CES STUPIDES JOURNAUX ! ON NE PEUT JAMAIS LES CROIRE !
FIN

Embouteillés !

Première publication : 17 mars 1995

Dessin : Daan Jippes
d'après une histoire et des crayonnés
de Carl Barks

WALT DISNEY presents Donald Duck
ÉNIÈME SORTIE DANS LA NATURE POUR LES CASTORS JUNIORS...
VOUS SENTEZ-VOUS PRÊTS À REMPLIR VOTRE MISSION ?
PIP
OH, OUI ! NOUS SOMMES FIN PRÊTS !
COMME CHAQUE ANNÉE, À LA MÊME ÉPOQUE !
NOUS ATTENDONS VOS ORDRES !
H 94141
EH BIEN, CASTORS JUNIORS, AU TRAVAIL ! UNE *LOURDE TÂCHE* NOUS ATTEND !
REGARDEZ-MOI CES DÉCHETS ! LES AUTOMOBILISTES SE SURPASSENT D'ANNÉE EN ANNÉE...
TSSK ! ÇA SERT À QUOI DE NETTOYER S'ILS SALISSENT AUSSITÔT APRÈS ?
AU BOULOT, LES GARS !
TA-RA TA-RA TA-RA
JE N'AI PAS DE SAC !
UNE BOUTEILLE PAR-CI, UNE BOUTEILLE PAR-LÀ...

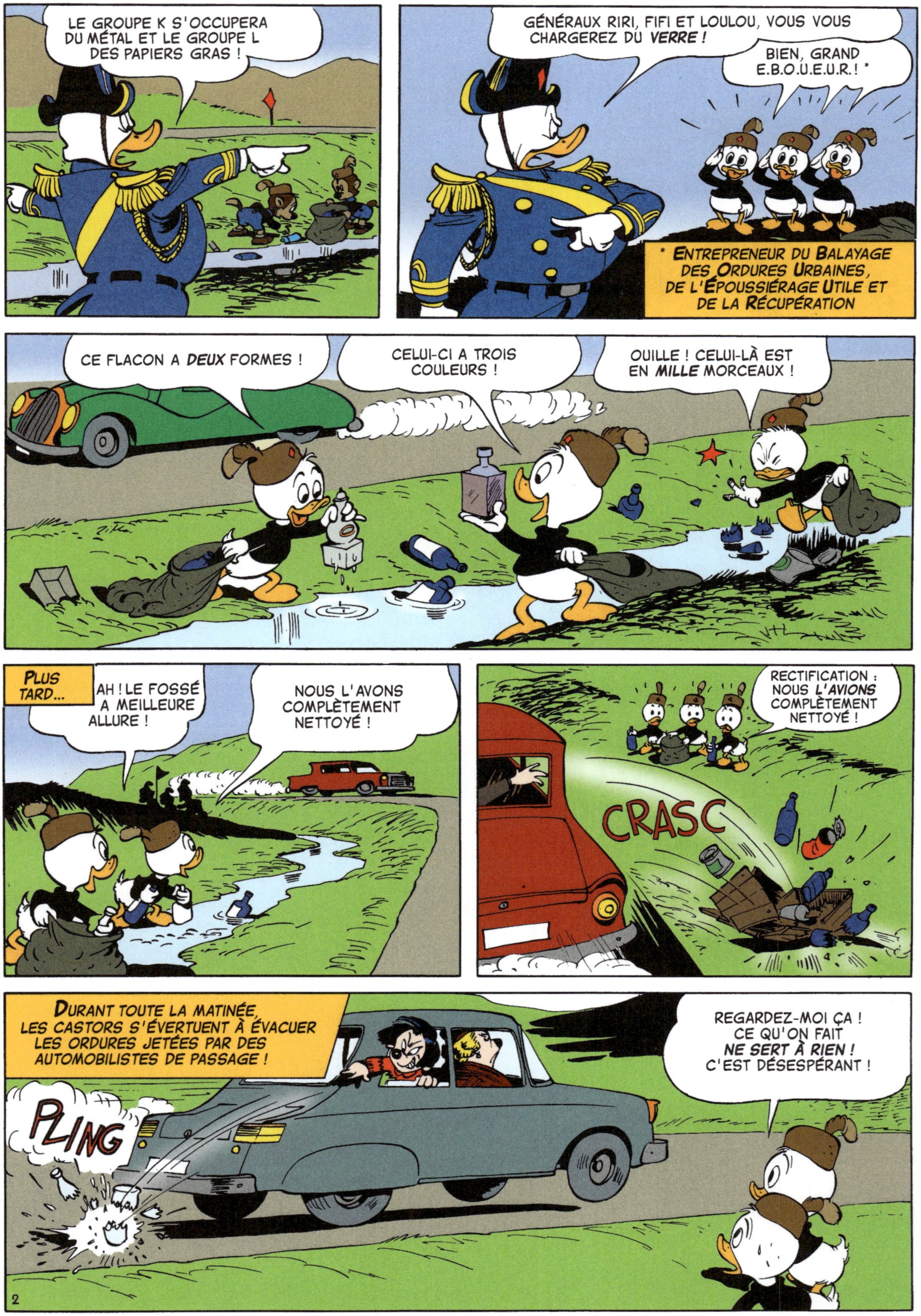
LE GROUPE K S'OCCUPERA DU MÉTAL ET LE GROUPE L DES PAPIERS GRAS !
GÉNÉRAUX RIRI, FIFI ET LOULOU, VOUS VOUS CHARGEREZ DU VERRE !
BIEN, GRAND E.B.O.U.E.U.R. ! *
* ENTREPRENEUR DU BALAYAGE DES ORDURES URBAINES, DE L'ÉPOUSSIÉRAGE UTILE ET DE LA RÉCUPÉRATION
CE FLACON A DEUX FORMES !
CELUI-CI A TROIS COULEURS !
OUILLE ! CELUI-LÀ EST EN MILLE MORCEAUX !
PLUS TARD...
AH ! LE FOSSÉ A MEILLEURE ALLURE !
NOUS L'AVONS COMPLÈTEMENT NETTOYÉ !
RECTIFICATION : NOUS L'AVIONS COMPLÈTEMENT NETTOYÉ !
CRASC
DURANT TOUTE LA MATINÉE, LES CASTORS S'ÉVERTUENT À ÉVACUER LES ORDURES JETÉES PAR DES AUTOMOBILISTES DE PASSAGE !
REGARDEZ-MOI ÇA ! CE QU'ON FAIT NE SERT À RIEN ! C'EST DÉSESPÉRANT !
PLING
2

RIEN QUE SUR 100 MÈTRES, ON REMPLIT CINQ SACS !
DIS-TOI QUE ÇA NE SERA PAS PIRE QUE ÇA...
TU DISAIS ?
CRASC
LAIT
MAIS IL N'Y A PAS QUE DES VOITURES... EN L'AIR, ON PEUT VOIR UN BALAI VOLANT SUR LEQUEL EST JUCHÉE UNE SORCIÈRE DE FORT BONNE HUMEUR.
J'AI ENFIN TROUVÉ LE MOYEN DE M'INTRODUIRE DANS LE COFFRE-FORT DU VIEUX PICSOU !
ZOUM !
IL EST LÀ, DANS MON SAC ! LA FORMULE X EST UN ACIDE SURPUISSANT !
HÉ, HÉ, HÉ ! JE SERAI LA SORCIÈRE LA PLUS RICHE DU MONDE ! ENFIN !
ZOUM
À MOI LE SOU FÉTICHE ET LES MILLIONS ! JE VAIS ADORER CETTE NOUVELLE VIE !
SI CE N'EST PAS DE L'ACROBATIE AÉRIENNE, ÇA !
ZOUM
3

LA SORCIÈRE SE HÂTE VERS SON BUT...
LE COFFRE DE PICSOU ! IL N'EST PLUS INVIOLABLE POUR TRÈS LONGTEMPS...
PENDANT CE TEMPS, RIRI, FIFI ET LOULOU TRIMENT.
DU VERRE SALE, DU VERRE CASSÉ... POURQUOI NE JETTENT-ILS JAMAIS QUELQUE CHOSE DE JOLI ?
OH ! REGARDEZ CE BEAU FLACON ! ET IL EST PLEIN !
MONTRE-LE-NOUS !
SUPERBE !
GARDONS-LE POUR LA COLLECTION DES CASTORS JUNIORS !
BONNE IDÉE ! IL SERA À L'ABRI DANS MA TOQUE !
À DONALDVILLE...
MA FORMULE X VA "GRIGNOTER" CES PORTES BLINDÉES !

ET...
QUELQUES GOUTTES DE POTION SUFFIRONT.
PAR BELZÉBUTH ! MON FLACON ! OÙ EST-IL ?
IL A DÛ TOMBER QUAND JE FAISAIS DE LA VOLTIGE ! CE QUE JE PEUX ÊTRE BÊTE PARFOIS !
RROAR
OUSTE !
MADAME, VOUS POLLUEZ ! QU'UTILISEZ-VOUS COMME CARBURANT ?
POLICE
DU CONCENTRÉ DE BASALTE DU VÉSUVE ! SANS PLOMB ! POURQUOI ?
ENCORE 200 MÈTRES DE NETTOYÉS !
ET DIX SACS REMPLIS D'ORDURES !
OH, REGARDEZ ! UNE SOUCOUPE VOLANTE !
5

NON ! C'EST UNE *SORCIÈRE* !
C'EST MISS TICK !
J'AI DÛ LE PERDRE PAR ICI...
STOP
OH, OH ! ON DIRAIT QUE CES PETITS IDIOTS RAMASSENT LES BOUTEILLES !
ILS ONT PEUT-ÊTRE TROUVÉ MON FLACON !
EH ! NE FAITES PAS ÇA !
PLING
ARRÊTEZ !
IL NOUS A FALLU DES *HEURES* POUR TOUT NETTOYER !
ALORS VOUS AVEZ BESOIN DE REPOS ! FILEZ FAIRE UN SOMME !
PAS QUESTION... HIII !
ZAP
ZAP
LES CASTORS JUNIORS N'ABANDONNENT JAMAIS TANT QUE LEUR DEVOIR N'EST PAS ACCOMPLI !
ZAP
ZAP
6
JE SAIS COMMENT ME DÉBARRASSER DE CES PETITS GÊNEURS !

PUISQUE VOUS AIMEZ TANT LES BOUTEILLES...
PFFF!
... JE VOUS OFFRE UN MODÈLE UNIQUE !
WOOU
POM, POM...
ELLE NOUS A *MIS EN BOUTEILLE* !
ON NE TRAITE PAS LES CASTORS COMME DES CORNICHONS !
NOUS SOMMES SOUS LA *PROTECTION DE LA MUNICIPALITÉ* !
DÉSOLÉE, MAIS JE NE VOUS ENTENDS PAS ! CE VERRE EST UN PEU "*SPÉCIAL*" !
JE PEUX CHERCHER MA FORMULE X TRANQUILLEMENT !
AÏE ! CE VERRE MAGIQUE RÉSISTE !
RIEN À FAIRE ! ELLE NOUS A BIEN NEUTRALISÉS !
TONK!
BONK! BONK!
7
SI J'ARRIVAIS À ALERTER LE GRAND MOGOL PAR SIGNES !
NE TE FATIGUE PAS ! LUI ET LES AUTRES SONT À DES MILLIERS DE KILO-MÈTRES !

OUF ! DU MONDE !
ON VA NOUS TIRER DE LÀ !
?
?
?
INCROYABLE, CE QUE LES GENS INVENTENT DE NOS JOURS !
COMMENT SORT-ON DES ENFANTS D'UNE BOUTEILLE ?
MOI, JE ME DEMANDE PLUTÔT COMMENT ILS SONT ENTRÉS !
J'AI DÉJÀ VU DES BATEAUX DANS DES BOUTEILLES, MAIS ÇA...
BÔF ! C'EST SÛREMENT POUR UNE PUB QUELCONQUE !
TU AS RAISON ! VIENS ! NE PERDONS PAS NOTRE TEMPS !
NON ! *NON !* NE PARTEZ PAS !
INUTILE, RIRI ! NOUS LES ENTENDONS, MAIS ILS NE NOUS ENTENDENT PAS !
VOUS ÊTES NÉS DANS CETTE BOUTEILLE ?
OUAIS ! EXACTEMENT ! QUELQU'UN Y A MIS TROIS ŒUFS ET ILS ONT ÉCLOS ! ÇA TE VA ?
8

PLUS TARD, TROIS SAVANTS S'ARRÊTENT...
QUEL EST VOTRE AVIS SUR CE PHÉNOMÈNE ÉTRANGE, PROFESSEUR ?
C'EST IMPOSSIBLE ! LES LOIS DE LA THERMOBOUTEILLIQUE NE LE PERMETTENT PAS !
ÉTANT DONNÉ LE DIAMÈTRE DU GOULOT ET LA CIRCONFÉRENCE DES ENFANTS, JE DIRAIS QUE...
AUCUNE OUVERTURE ! PAS LE MOINDRE TROU !
ÇA NE PEUT PAS EXISTER ET POURTANT...
J'AI COMPRIS !
VOUS ÊTES NÉS DANS CETTE BOUTEILLE !
LA VÉRITÉ SORT DE LA BOUCHE DES SAVANTS !
CHERS COLLÈGUES, LA SCIENCE EXPLIQUE TOUT ! MÊME LA PRÉSENCE DE TROIS ENFANTS DANS UNE BOUTEILLE GÉANTE !
PLUS TARD...
PAPA, REGARDE ! TROIS CASTORS PRISONNIERS DANS UNE BOUTEILLE !
ARRÊTE-TOI ! ILS ONT BESOIN D'AIDE !
PAS LA PEINE... ÇA NE NOUS REGARDE PAS.
9
DES DIZAINES DE VOITURES PASSENT PAR ICI. QUELQU'UN S'EN CHARGERA...
J'AIMERAIS QUE CE QUELQU'UN SE DÉPÊCHE, ALORS ! À L'AIIIDE !

EH ! ON PEUT FAIRE ROULER LA BOUTEILLE !
SI ON REJOINT LES AUTRES CASTORS, ILS TROUVERONT LE MOYEN DE NOUS DÉLIVRER !
IL MANQUE DES CHOSES À CE VÉHICULE... OH, LÀ LÀ ! IL MANQUE...
UNE SUSPENSION, UN KLAXON...
RRRR !
UNE... UNE... DIRECTION... OUPS !
STOP
TONK !
ET DES FREINS ! ATTENTION, DESSOUS !
OUILLE ! C'ÉTAIT QUOI ? UN ÉLÉPHANT ?
BUMP !
ENCORE VOUS ?! C'EST LA DERNIÈRE FOIS QUE VOUS M'EMBÊTEZ !
10
MILLE TOILES D'ARAIGNÉES ! MON FLACON !

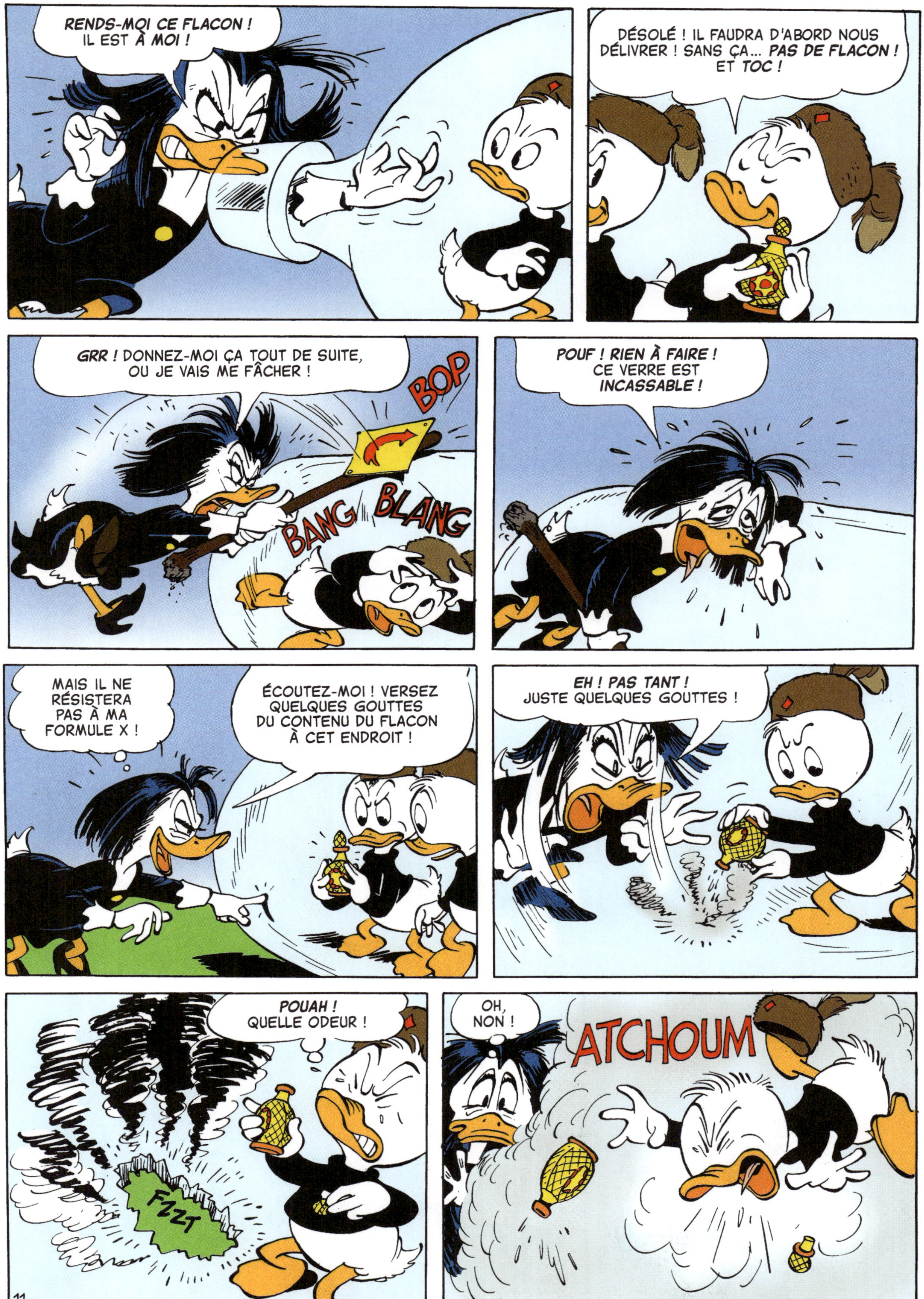
RENDS-MOI CE FLACON ! IL EST À MOI !
DÉSOLÉ ! IL FAUDRA D'ABORD NOUS DÉLIVRER ! SANS ÇA... PAS DE FLACON ! ET TOC !
GRR ! DONNEZ-MOI ÇA TOUT DE SUITE, OU JE VAIS ME FÂCHER !
BOP
BANG
BLANG
POUF ! RIEN À FAIRE ! CE VERRE EST INCASSABLE !
MAIS IL NE RÉSISTERA PAS À MA FORMULE X !
ÉCOUTEZ-MOI ! VERSEZ QUELQUES GOUTTES DU CONTENU DU FLACON À CET ENDROIT !
EH ! PAS TANT ! JUSTE QUELQUES GOUTTES !
POUAH ! QUELLE ODEUR !
FZZT
11
OH, NON !
ATCHOUM

MAUDITS GAMINS ! MA FORMULE X EST GÂCHÉE ! GRR !
SEPT ANS DE TRAVAIL FICHUS ! TOUT EST À RECOMMENCER ! NE SERAIT-CE QUE TROUVER LES INGRÉDIENTS : LA POUDRE DE PERLIMPINPIN, TROIS CHEVEUX DE L'ABOMINABLE HOMME DES NEIGES, UN...
QUELLE HEURE EST-IL, GÉNÉRAL FIFI ?
PLUS QUE L'HEURE DE SE REMETTRE AU NETTOYAGE, GÉNÉRAL RIRI !
BEAUCOUP PLUS TARD...
COMMENT ÇA SE PASSE, GÉNÉRAUX ?
ON A ÉTÉ UN PEU RETARDÉS, GRAND E.B.O.U.E.U.R. !
MAIS NOUS AVONS TROUVÉ DES TONNES DE FLACONS ET DE BOUTEILLES...
ET UNE BOUTEILLE GÉANTE POUR LES TRANSPORTER !
12
FIN

PLANCHES ESQUISSÉES DE CARL BARKS

3
WELL, WE FILLED FIVE SACKS WITH BOTTLES IN THE FIRST MILE!
THINGS CAN'T GET WORSE THAN THAT!
OH, NO?
MILK
AMONG THE MORNING'S PASSERSBY IS A SORCERESS ON HER WAY TO COMMIT SORCERY ON A TREASURY!
AT LAST, AT LAST, I HAVE THE MEANS OF CUTTING MY WAY INTO JILLIONAIRE SCROOGE McDUCK'S MIGHTY MONEY BIN!
ZOW!!
THE MEANS IS THIS POWERFUL ACID, FORMULA X, WHICH I'M CARRYING IN MY SADDLE BAG!
SOON I, MAGICA DE SPELL, WILL BE THE WORLD'S RICHEST SORCERESS! I FEEL LIKE CELEBRATING!
ZOOM
I'LL BUY A JET WITH LOTS OF ROOM AND SAY GOODBY TO THIS DRAFTY BROOM!
HOW'S THAT FOR A SNAP ROLL?
ZOOM

4
GLEEFULLY, SORCERESS DE SPELL SPEEDS ONWARD TOWARD HER GOAL!
McDUCK'S MONEY BIN! HOW SMUGLY IT SITS THERE IN PEACEFUL DUCKBURG!
ON THE GROUND HUEY, DEWEY, AND LOUIE WEARILY DO THEIR THING!
DIRTY BOTTLES, SQUIRTY BOTTLES! .. DOESN'T ANYBODY EVER THROW AWAY PURTY BOTTLES?
HERE'S ONE! A FANCY CUT GLASS CRUET WITH A PRETTY SAUCE INSIDE!
THAT WE MUST SEE!
IT'S BEAUTIFUL!
HEY! LET'S KEEP IT FOR THE JUNIOR WOODCHUCKS' COLLECTION!
GOOD IDEA! I'LL PUT IT IN MY CAP WHERE IT WON'T GET LOST!
IN DUCKBURG!
JUST TO BE SASSY I'LL CUT RIGHT THROUGH THOSE BURGLAR-PROOF DOORS WITH MY FORMULA X!

5
A FEW DROPS ON THE KNOB WILL EAT RIGHT THROUGH THE LOCK!
MY FORMULA X! ... IT'S GONE!
THE BOTTLE MUST HAVE FLIPPED OUT WHEN I WAS DOING THOSE SNAP ROLLS! WHAT AWFUL LUCK!
RROAR
LADY, LADY, WHAT ARE YOU BURNING IN THAT AIR SMOGGING VEHICLE?
PURE LEAD-FREE CONCENTRATE OF VESUVIAN BRIMSTONE! WHAT DID YOU THINK?
THERE! WE'VE GOT TWO MILES OF ROADSIDE CLEARED!
AND UMPTY DOZEN BOTTLES NEATLY PUT AWAY IN SACKS!
HEY! LOOK UP THERE! A U.F.O.!

6
A FLYING SORCERESS!
MAGICA DE SPELL!
IT WAS ALONG HERE THAT I WAS FLYING LIKE A DIZZY DUCK!
AND SPEAKING OF DUCKS — HAVE THOSE LITTLE BUSYBODIES BEEN PICKING UP BOTTLES?
IF SO IT'S JUST POSSIBLE THEY PICKED UP MY FORMULA X!
HEY, MAGICA! NO! NO!
HAVE A HEART!
WE SPENT HOURS PICKING UP THOSE BOTTLES!
THEN YOU NEED A REST! GO AWAY SOMEWHERE AND UNWIND!
GO AWAY, YOURSELF!
ZITT
ZITT
WE'RE JUNIOR WOODCHUCKS, AND WE DON'T LEAVE A JOB TILL IT'S FINISHED!
ZITT
YOU'LL LEAVE THIS ONE! THERE'S A BOTTLE I MUST FIND WITHOUT YOUR INTERFERENCE!

7
AND SINCE YOU'RE SUCH AVID BOTTLE COLLECTORS—
HOW ABOUT ADDING THIS ONE TO YOUR COLLECTION!
FOOOF!
TOODLE DE BOO!
NO! NO! YOU CAN'T BOTTLE JUNIOR WOODCHUCKS!
YOU CAN'T BOTTLE US UP LIKE PICKLES!
WE'VE GOT INFLUENCE AT CITY HALL!
CAN'T HEAR A WORD YOU YELL — AND NEITHER CAN ANYONE ELSE! HEE! HEE!
NOW TO SEARCH IN PEACE FOR MY LOST BOTTLE OF FORMULA X!
OOCH! THIS SORCERY GLASS IS SOLID STUFF!
KICK PROOF, SOUND PROOF! WE'RE REALLY JUGGED, GENERALS!
I'LL WAVE DISTRESS SIGNALS! MAYBE THE GREAT D.E.A.I.J.Q.H.N. WILL SEE US!
NO CHANCE! HE AND THE OTHER WOODCHUCKS ARE FAR UP THE ROAD!

8
OH, JOY! HERE COME SOME PEOPLE!
THEY'LL GET US OUT!
?
?
?
THE CRAZY BOTTLES PEOPLE THROW AWAY!
IMAGINE THROWING AWAY A BOTTLE WITH KIDS IN IT!
HOW DID THE KIDS GET IN THE BOTTLE? THAT'S CRAZIER!
I'VE SEEN BOTTLES WITH SHIPS INSIDE — BUT KIDS! THAT TOOK SOME DOING!
NO DOUBT IT'S SOME KIND OF ADVERTISING STUNT!
OF COURSE! LET'S NOT WASTE ANY MORE TIME!
HELP US! WE WANT OUT! HELP!
NO USE YELLING, LOUIE! WE CAN HEAR THEM, BUT THEY CAN'T HEAR US!
WERE YOU BORN IN THAT BOTTLE?
YES! A STUPID FARMER PUT THREE EGGS IN HERE, AND THEY HATCHED!

9
SOON SOME INTELLECTUALS STOP!
WHAT DO YOU MAKE OF THIS STRANGE ROADSIDE TABLEAU, DOCTOR YALEBIRD?
IT MUST BE PHONY! BRAINSTEIN'S LAWS OF PROPORTION PRECLUDE ITS POSSIBILITY!
THE MATHEMATICAL FORMULA IS X EQUALS BOTTLE NECK, 6 EQUALS GIRTH OF DUCKS — — NEVER MIND!
NO TRICK WINDOWS! NO SEAMS!
HAS TO BE AN IMPOSSIBLE PHENOMENON!
AHA! I KNOW!
YOU DUCKLINGS WERE BORN IN THERE!
ALL SMILE AND NOD OUR HEADS!
REMARKABLE WHAT SOME PEOPLE WILL DO TO GET ATTENTION!
SOON!
HEY, LOOK, DAD! SOME KIDS TRAPPED IN A BOTTLE!
THEY'RE SIGNALING FOR HELP! STOP!
SIMMER DOWN, SON! IT'S NOT OUR PROBLEM!
A THOUSAND CARS PASS HERE EVERY HOUR! LET SOMEBODY ELSE GET 'EM OUT!
HEY, MR. SOMEBODY ELSE MAN! HELP! HELP!

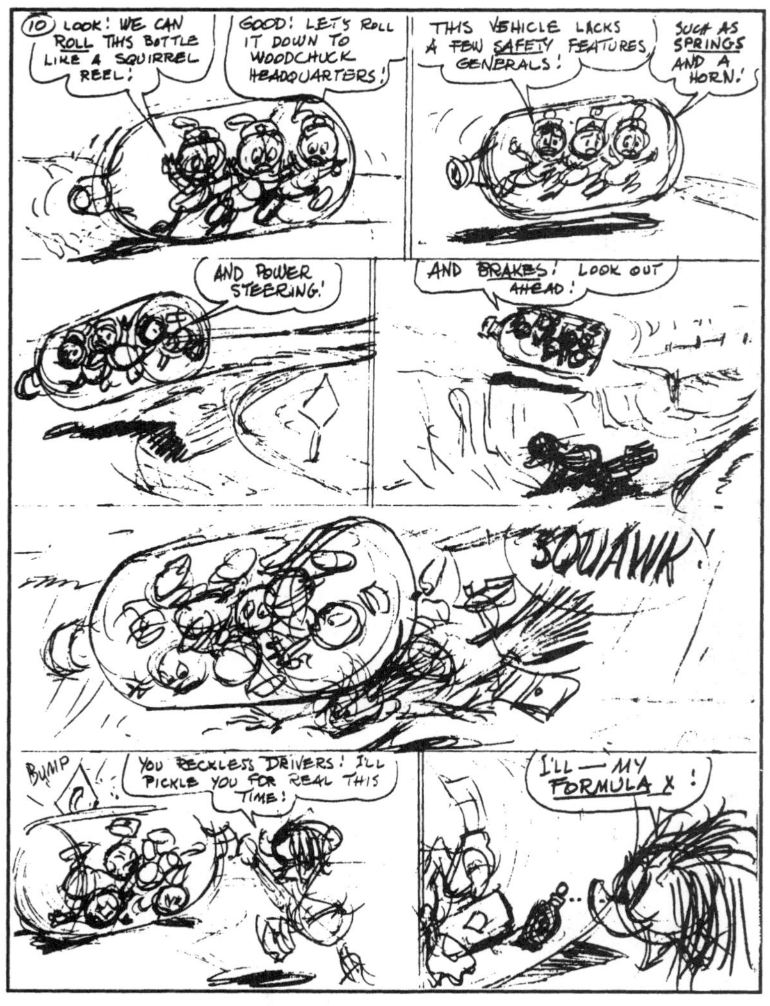

10
LOOK! WE CAN ROLL THIS BOTTLE LIKE A SQUIRREL REEL!
GOOD! LET'S ROLL IT DOWN TO WOODCHUCK HEADQUARTERS!
THIS VEHICLE LACKS A FEW SAFETY FEATURES, GENERALS!
SUCH AS SPRINGS AND A HORN!
AND POWER STEERING!
AND BRAKES! LOOK OUT AHEAD!
SQUAWK!
BUMP
YOU RECKLESS DRIVERS! I'LL PICKLE YOU FOR REAL THIS TIME!
I'LL — MY FORMULA X!

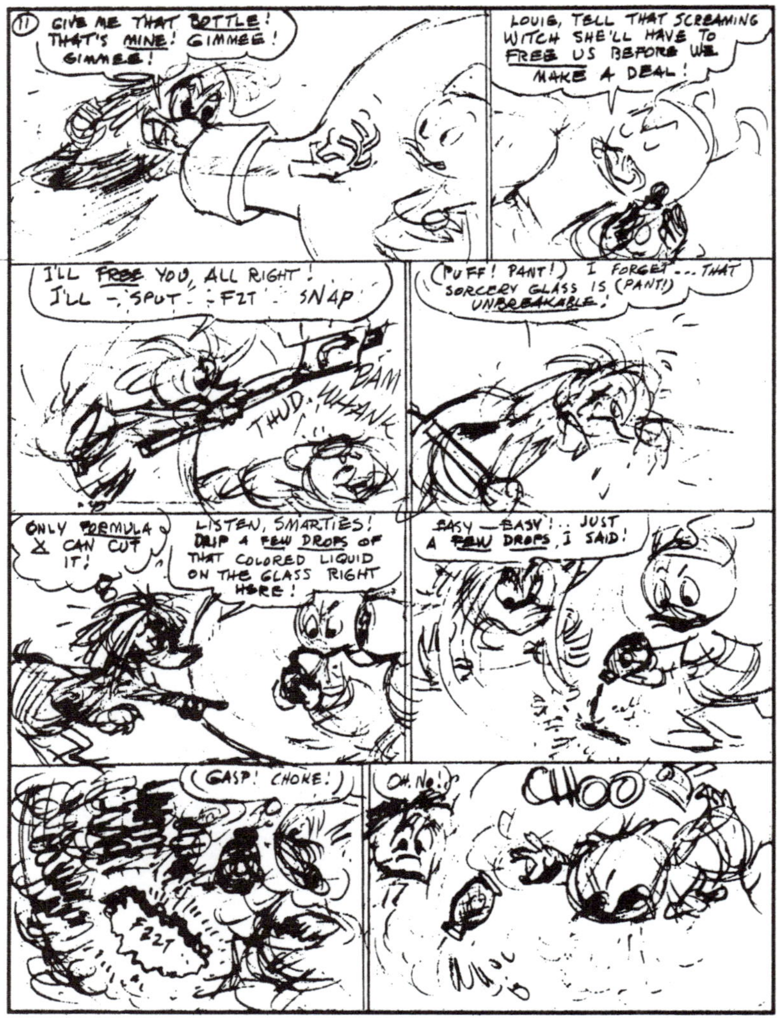

Carl Barks prit sa retraite en 1966,
Mais il accepta d'écrire plusieurs scénarios
d'histoires pour Western Publishing,
l'éditeur américain de la BD Disney.
La plupart d'entre eux étaient
destinés à une nouvelle série appelée
***Castors Juniors*. Ces scripts ont ensuite**
été illustrés par d'autres artistes
dans leur propre style de dessin,
suivant les *storyboards* de Barks.
Ainsi, l'histoire « Embouteillés ! »
a d'abord été dessinée par Tony Strobl
et encrée par Larry Mayer.

Nous publions ici les croquis d'origine
réalisés par Carl Barks au début
des années 70.
L'illustration de couverture est l'originale,
celle du *Castors Juniors Magazine* n° 10
(juillet 1971), dessinée par Tony Strobl
et encrée par Larry Mayer.
La version de l'histoire publiée dans
ce recueil est celle redessinée en 1995,
dans le style de Carl Barks, par Daan Jippes
(l'un des « héritiers » de Barks).